차근차근 생활수학
화폐 계산하기

지폐편

모듀

모듀efe는 느린 학습자, 장애인, 더 나아가 모든 사람이 배울 수 있는 교재와 교구를 기획·제작하고 있습니다.
선생님들의 아이디어와 원고를 제안받고 있으니,
자세한 내용은 모듀efe 홈페이지를 참고해 주십시오.

차근차근 생활수학
화폐 계산하기 1. 지폐편

지 은 이	최연주
펴 낸 곳	모듀efe
주　　소	서울특별시 강남구 봉은사로1길 6, 5층 5120호
홈페이지	edu4modu.com
전자우편	contact@edu4modu.com
대표전화	070-8983-4623
발 행 일	(초판 1쇄) 2024.7.22.
	(초판 3쇄) 2025.10.13.

I S B N　979-11-93819-03-6(63320)

※ 이 책의 오탈자 및 잘못된 내용에 대한 수정 정보는 이메일로 알려주십시오.
※ 잘못 만들어진 책은 구입하신 서점에서 교환해 드립니다.
※ 이 책은 저작권법에 따라 보호받는 저작물이므로 무단 전재와 무단 복제를 금합니다.
　이 책 내용의 전부 또는 일부를 사용하시려면 반드시 저작권자와 출판사의 동의를 얻어야 합니다.

designed by. 은빛공장 010.8342.0328

이 책이 나오기까지

일상생활을 안전하고 편안하게 누리기 위해서는 돈을 사용하고 관리하는 능력이 반드시 필요합니다. 마트에서 과자를 사는 것부터 번 돈을 저축하고 투자하는 것까지 우리의 삶과 돈은 떼려야 뗄 수 없는 관계에 있기 때문입니다. 그렇기에 어린 시절에는 사려고 하는 물건이나 서비스가 적절한 가격대인지, 나의 예산에 맞는 지출인지를 면밀히 따져보는 합리적인 소비 습관에 대한 교육이 강조됩니다.

대다수의 아이들은 일상생활 속에서 자연스럽게 관련 역량을 습득합니다. 그러나 느린 학습자, 다문화 가정 등 최근 늘어가는 다양한 요구를 가진 아이들은 돈과 관련된 기술을 자연스럽게 배우기 어렵습니다. 이러한 아이들을 위한 자료와 프로그램이 꼭 필요함에도, 교육과정에서도 시중의 문제집에서도 기초적인 돈 감각 및 계산법을 가르쳐주는 교재와 프로그램은 찾아보기 힘듭니다. 특히 돈 관리의 기초가 되는 화폐 계산에 관한 문제집은 전무 그 자체였습니다.

설상가상으로 최근 늘어난 카드 사용은 아이들이 일상생활에서 화폐를 사용할 수 있는 기회마저 줄였습니다. 그 결과 아이들은 물건값과 거스름돈을 계산하는데 필요한 돈 감각 자체를 자연스러운 맥락 안에서 학습하기 어려워졌습니다.

'차근차근 생활수학 – 화폐 계산하기'는 이러한 고민에서 시작된 교재입니다. 유아 및 초등 저학년 학생, 느린 학습자를 비롯하여 화폐 공부가 필요한 모든 사람이 화폐의 개념과 기초를 차근차근 학습하길 바라는 마음으로 제작하였습니다.

이 책이 출판되기까지 여러 고마운 분들의 도움을 많이 받았습니다. 특히 이 책의 방향성을 지지해주고 더 좋은 교재가 나올 수 있게끔 함께 고민해 준 〈모두 efe〉의 대표님들께 진심으로 감사의 인사를 전합니다.

아이들이 이 교재로 세상에서 일어나는 모든 경제활동을 이해하리라고 기대하지 않습니다.

다만, '차근차근 생활수학 – 화폐 계산하기'가 물건의 값을 계산하고 값을 치르는 기초적인 경제 활동의 성취감을 느낄 수 있는 초석이 되는 교재이길 바랍니다. 이를 통해 아이들이 조금이나마 안전하고 편안한 경제생활을 누리는 것에 작은 기여를 함께 할 수 있게 되길 소망합니다.

{ 책의 구성과 활용법 }

 **이 책의 특징**

1. 각 차시에서 배워야 할 개념을 충실히 설명하여 학습자가 화폐 계산의 개념과 방법을 이해하고 학습할 수 있도록 하였습니다.

2. 내용의 계열성을 중시하여 학습자가 화폐 계산법을 체계적으로 학습할 수 있도록 하였습니다. 이를 위해 학습 단계를 세분화였고 같은 수준의 문제를 다양하게 제시하여 각 차시에 대한 내용을 충분히 연습할 수 있도록 하였습니다.

3. 실생활과 연계된 문장제 문제를 통해 학생들이 일상생활에서 발생하는 많은 문제를 미리 경험하고 이를 해결할 수 있는 역량을 기를 수 있도록 하였습니다. 문장제 문제의 경우 풀어가는 과정을 수록하여 학생들이 최대한 스스로 문제를 해결할 수 있도록 구성하였습니다.

 학습목표

이 책을 통해 학생들은 다음의 내용을 배울 수 있습니다.

1. 동전과 지폐를 구별할 수 있습니다.
2. 1,000원 지폐와 5,000원 지폐를 사용하여 9,000원 이하의 값을 표현할 수 있습니다.
3. 10,000원을 1,000원과 5,000원 지폐를 사용하여 다양하게 표현할 수 있습니다.
4. 10,000원과 50,000원 지폐를 사용하여 90,000원 이하의 값을 나타낼 수 있습니다.
5. 1,000원 단위 지폐와 10,000원 단위 지폐를 혼합하여 100,000원 미만의 값을 표현할 수 있습니다.

 책의 활용법

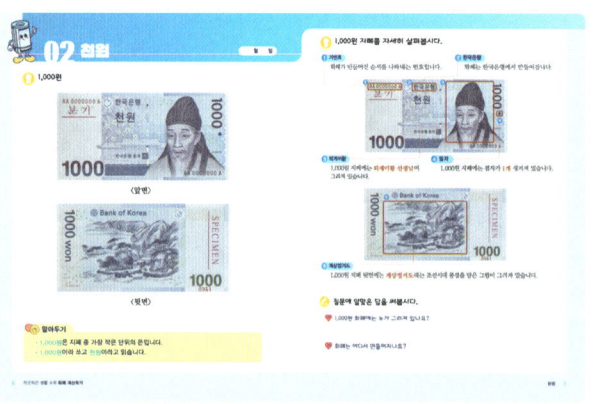

 [단 원] 단원에서 배울 내용을 소개합니다.

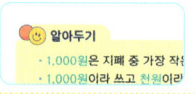 [알아두기] 중요한 개념을 정리합니다.

 [이야기 글] 화폐와 관련된 흥미로운 이야기를 소개합니다.

 [연습문제] 여러 단원을 종합하여 배운 내용을 복습합니다.

 붙임 딱지를 활용해야하는 문제는 붙임 딱지 아이콘이 각 질문 옆에 그려져 있습니다.

{ 차 례 }

천원
1. 우리나라의 지폐	2
2. 천원	6
3. 천원 지폐 계산하기(1)	10
4. 천원 지폐 계산하기(2)	16
[연습문제]	22

오천원
5. 오천원(1)	28
6. 오천원(2)	32
[연습문제]	36
7. 오천원, 천원 지폐 계산하기(1)	38
8. 오천원, 천원 지폐 계산하기(2)	44
[연습문제]	50

만원
9. 만원(1)	56
10. 만원(2)	60
[연습문제]	66
11. 만원 지폐 계산하기(1)	68
12. 만원 지폐 계산하기(2)	74
[연습문제]	80

오만원
13. 오만원(1)	86
14. 오만원(2)	90
[연습문제]	94
15. 오만원, 만원 지폐 계산하기(1)	96
16. 오만원, 만원 지폐 계산하기(2)	102
[연습문제]	108

종합
17. 다양한 단위의 지폐 계산하기(1)	114
18. 다양한 단위의 지폐 계산하기(2)	120
[연습문제]	126

01 우리나라의 화폐

월 일

우리나라의 지폐

    1,000원   천원   5,000원   오천원

   10,000원   만원   50,000원   오만원

우리나라의 동전

  10원   십원   50원   오십원

  100원   백원   500원   오백원

😊 알아두기

- 화폐(돈)에는 **지폐**와 **동전**이 있습니다.
- **지폐**는 종이로 만든 네모난 모양의 돈입니다.
- **동전**은 금속으로 만든 동그란 모양의 돈입니다.

✏️ 같은 지폐끼리 연결해봅시다.

✏️ 같은 동전끼리 연결해봅시다.

화폐 붙임 딱지를 붙이고 화폐의 금액을 따라 써봅시다.

	1,000원	천원
	1,000원	천원
	5,000원	오천원
	5,000원	오천원
	10,000원	만원
	10,000원	만원
	50,000원	오만원
	50,000원	오만원

화폐 붙임 딱지를 붙이고 화폐의 금액을 따라 써봅시다.

	10원	십원
	10원	십원

	50원	오십원
	50원	오십원

	100원	백원
	100원	백원

	500원	오백원
	500원	오백원

우리나라의 화폐

02 천원

월   일

● 1,000원

〈 앞 면 〉

〈 뒷 면 〉

🙂 알아두기

- 1,000원은 지폐 중 가장 작은 단위의 돈입니다.
- 1,000원이라 쓰고 천원이라고 읽습니다.

1,000원 지폐를 자세히 살펴봅시다.

1 기번호
화폐가 만들어진 순서를 나타내는 번호입니다.

2 한국은행
화폐는 한국은행에서 만들어집니다.

3 퇴계 이황
1,000원 지폐에는 **퇴계 이황 선생님**이 그려져 있습니다.

4 점자
시각장애인이 화폐를 구별할 수 있도록 **점자가 1개** 새겨져 있습니다.

5 계상정거도
1,000원 지폐 뒷 면에는 **계상정거도**라는 조선시대 풍경을 담은 그림이 그려져 있습니다.

질문에 알맞은 답을 써봅시다.

💕 1,000원 화폐에는 누가 그려져 있나요?

💕 화폐는 어디서 만들어지나요?

1,000원 화폐를 완성해봅시다.

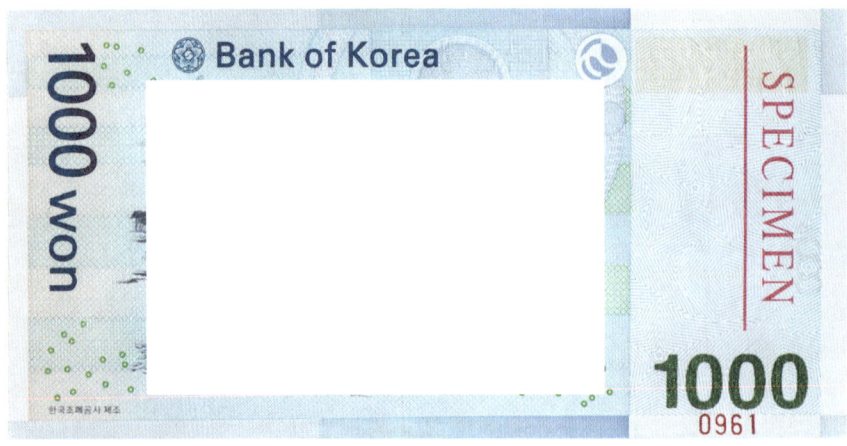

 따라 써봅시다.

| 1,000원 | 천원 | 1,000원 | 천원 |

이야기 글

다음 글을 읽고 각 문단에 어울리는 붙임 딱지를 붙여봅시다.

화폐는 어떻게 만들어졌을까요?

돈이 없던 아주 먼 옛날, 사람들은 자신이 필요한 물건들을 직접 만들었어요. 먹을거리를 직접 사냥하기도 하고, 농사도 짓고, 필요한 옷도 만들어 입었지요.

그러다가 사람들은 자기가 가지고 있는 물건을 갖고 싶은 물건과 바꾸기 시작했어요. 하지만 원하는 물건을 가진 사람을 찾는 일은 쉽지 않았어요.

그래서 사람들은 소금이나 쌀을 화폐처럼 사용하기 시작했어요. 모든 사람들이 필요한 물건을 돈처럼 사용한 것이지요. 그러나 소금은 비가 내리면 녹아버리기도 하고 쌀도 너무 무거워서 돈으로 사용하기 어려웠어요.

사람들은 잘 녹지 않고 쉽게 부서지지도 않는 금이나 은을 돈으로 사용하기 시작했어요.
그리고 이것이 지금의 동전과 지폐로 발명되었어요.

지금은 신용 카드가 새로운 돈의 역할을 하고 있어요. 신용 카드는 돈을 들고 다닐 필요 없이 카드 한 장으로 계산할 수 있기 때문에 무척 편리합니다.

03 천원 지폐 계산하기 (1)

월   일

 1,000원 ~ 5,000원

1,000원 지폐를 사용하여 1,000원부터 5,000원까지 나타내봅시다.

(1,000원 지폐 1장)	1,000원 1장	1,000원 천원
(1,000원 지폐 2장)	1,000원 2장	2,000원 이천원
(1,000원 지폐 3장)	1,000원 3장	3,000원 삼천원
(1,000원 지폐 4장)	1,000원 4장	4,000원 사천원
(1,000원 지폐 5장)	1,000원 5장	5,000원 오천원

1,000원 지폐가 몇 장인지 세어보고 알맞은 금액을 숫자와 한글로 적어봅시다.

지폐	금액	장수	숫자/한글
(1,000원 2장)	1,000원	장	(숫자) (한글)
(1,000원 1장)	1,000원	장	(숫자) (한글)
(1,000원 5장)	1,000원	장	(숫자) (한글)
(1,000원 4장)	1,000원	장	(숫자) (한글)
(1,000원 3장)	1,000원	장	(숫자) (한글)

천원 지폐 계산하기 (1)

알맞은 것끼리 연결해봅시다.

2,000원 •   [1000원 지폐 5장]   • 이천원

5,000원 •   [1000원 지폐 2장]   • 천원

3,000원 •   [1000원 지폐 3장]   • 삼천원

4,000원 •   [1000원 지폐 1장]   • 오천원

1,000원 •   [1000원 지폐 4장]   • 사천원

아이스크림의 가격에 맞게 1,000원 지폐를 붙여봅시다.

2,000원

1,000원

4,000원

3,000원

5,000원

주머니 안에 있는 금액을 적어봅시다.

원

원

원

원

주머니 안의 금액을 ⬜ 안에 적고 그 돈으로 살 수 있는 물건에 모두 ◯ 해봅시다.

4,000원　　5,000원　　6,000원

⬜ 원

2,000원　　3,000원　　4,000원

⬜ 원

2,000원　　3,000원　　4,000원

⬜ 원

04 천원 지폐 계산하기 (2)

6,000원 ~ 9,000원

1,000원 지폐를 사용하여 6,000원부터 9,000원까지 나타내봅시다.

	1,000원 6장	6,000원
		육천원
	1,000원 7장	7,000원
		칠천원
	1,000원 8장	8,000원
		팔천원
	1,000원 9장	9,000원
		구천원

📝 **1,000원 지폐가 몇 장인지 세어보고 알맞은 금액을 숫자와 한글로 적어봅시다.**

(지폐 9장)	1,000원	장	(숫자) (한글)
(지폐 10장)	1,000원	장	(숫자) (한글)
(지폐 8장)	1,000원	장	(숫자) (한글)
(지폐 6장)	1,000원	장	(숫자) (한글)

천원 지폐 계산하기 (2)

알맞은 것끼리 연결해봅시다.

6,000원 •　　　• [9장의 천원권]　• 　　　• 구천원

7,000원 •　　　• [7장의 천원권]　• 　　　• 팔천원

8,000원 •　　　• [8장의 천원권]　• 　　　• 육천원

9,000원 •　　　• [6장의 천원권]　• 　　　• 칠천원

음식의 가격에 맞게 1,000원 지폐를 붙여봅시다.

8,000원

7,000원

8,000원

9,000원

6,000원

천원 지폐 계산하기 (2)

주머니 안에 있는 금액이 ⬜ **안의 금액이 되도록 화폐 붙임 딱지를 붙여봅시다.**

8,000원

7,000원

9,000원

6,000원

✏️ 주머니 안의 금액을 적고, 하늘색 주머니에 있는 돈으로 살 수 있는 것은 하늘색, 노란색 주머니에 있는 돈으로 살 수 있는 것은 노란색으로 모두 ◯ 해봅시다.

원   원

천원 지폐 계산하기 (2)

✏️ 물건의 가격과 같은 금액에 ◯ 해봅시다.

  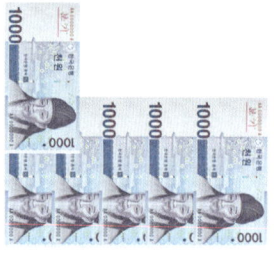

 3,000원

 6,000원

 5,000원

 1,000원

과일 가게에서 파는 과일들을 보고 물음에 답해봅시다.

💗 가장 싼 과일은 무엇인가요?

💗 가장 비싼 과일은 무엇인가요?

💗 파인애플을 산다면 1,000원 지폐가 몇 장이 필요할까요?

　　　　　　　　　　　　　　　　　　　　　　장

💗 배와 메론을 산다면 얼마를 내야 할까요?

　　　　　　　　　　　　　　　　　　　　　　원

✏️ **햄버거 가게의 메뉴를 보고 물음에 답해봅시다.**

햄버거 메뉴판

 치즈버거 6,000원

 토마토치즈버거 7,000원

 빅패티버거 8,000원

 디럭스버거 9,000원

💗 가장 비싼 햄버거는 무엇인가요?

💗 빅패티버거를 주문한다면 1,000원 지폐가 몇 장 필요할까요?

　　　　　　　　　　　　　　　　　　　　　　　　　　　　　장

💗 8,000원으로 사먹을 수 <u>없는</u> 햄버거는 무엇인가요?

💗 가장 사먹고 싶은 메뉴를 적고 필요한 1,000원 지폐가 몇 장인지 써봅시다.

　　　가장 먹고 싶은 햄버거는 　　　　　　　 이고

　　　1,000원 지폐 　　　 장이 필요합니다.

다음 글을 읽고 물음에 답해봅시다.

희승이는 약국에서 감기약을 4,000원에 사고 택시를 타고 집으로 돌아왔습니다.
약국에서 집까지 택시비는 5,000원이 나왔습니다. 희승이가 오늘 쓴 돈은 모두 얼마인가요?

♥ 희승이가 쓴 돈을 적고 화폐 붙임 딱지를 붙여봅시다.

구매한 것	가 격	화폐 붙임 딱지
감기약	4,000원	1000 1000 1000 1000

♥ 희승이가 쓴 돈은 모두 얼마인가요?

원

주연이는 문구점에서 펜 2,000원짜리와 인형 6,000원짜리를 샀습니다. 주연이가 오늘 쓴 돈은 모두 얼마인가요?

♥ 주연이가 쓴 돈을 적고 쓴 돈만큼 화폐 붙임 딱지를 각각 붙여봅시다.

구매한 것	가 격	화폐 붙임 딱지

♥ 주연이가 쓴 돈은 모두 얼마인가요?

원

다음 글을 읽고 물음에 답해봅시다.

연지는 3,000원짜리 공책을 사기 위해서 2,000원을 모았습니다. 연지는 얼마를 더 모아야 공책을 살 수 있을까요?

❤️ 연지가 사려는 것의 가격을 적고 화폐 붙임 딱지를 붙여봅시다.

사려는 것	가 격	화폐 붙임 딱지

❤️ 연지가 모은 돈만큼 화폐 붙임 딱지를 붙여봅시다.

연지가 모은 돈	화폐 붙임 딱지

❤️ 연지가 공책을 사기 위해선 얼마가 더 필요할까요?

 (사려는 것의 가격)-(모은 돈)을 계산하면 필요한 금액을 구할 수 있어요.

원

나혜는 8,000원짜리 핸드폰 케이스를 사기 위해 5,000원을 모았습니다. 나혜는 얼마를 더 모아야 핸드폰 케이스를 살 수 있을까요?

❤️ 나혜가 핸드폰 케이스를 사기 위해선 얼마가 더 필요할까요?

원

05 오천원 (1)

월   일

5,000원

〈 앞 면 〉

〈 뒷 면 〉

알아두기

- 5,000원은 지폐 중 두 번째로 큰 단위의 돈입니다.
- 5,000원이라 쓰고 오천원이라고 읽습니다.

💡 5,000원 지폐를 자세히 살펴봅시다.

1 기번호
화폐가 **만들어진 순서**를 나타내는 번호입니다.

2 한국은행
화폐는 **한국은행**에서 만들어집니다.

3 율곡 이이
5,000원짜리 지폐에는 **율곡 이이 선생님**이 그려져 있습니다.

4 점자
시각장애인이 화폐를 구별할 수 있도록 **점자가 2개** 새겨져 있습니다.

5 초충도
5,000원 지폐 뒷 면에는 율곡 이이의 어머니인 신사임당이 그린 **초충도**가 그려져 있습니다.

✏️ 질문에 알맞은 답을 써봅시다.

❤️ 5,000원 화폐에는 누가 그려져 있나요?

❤️ 5,000원 화폐 뒷 면에는 어떤 그림이 그려져 있나요?

5,000원 화폐를 완성해봅시다.

 따라 써봅시다.

5,000원   오천원   5,000원   오천원

이야기 글

옛날의 화폐

옛날에는 어떤 화폐를 썼을까요?

둥글고 납작하며 가운데에 네모난 구멍이 있는 이것은 무엇일까요? 바로 옛날에 쓰던 화폐인 **엽전**입니다. 엽전 겉부분의 둥근 모양은 **하늘**을 본뜬 것이고, 가운데 네모난 구멍은 **땅**을 본 뜬 것입니다.

왜 엽전에는 구멍이 있을까요?

옛날에는 돈을 넣을 수 있는 지갑이 없었습니다. 그래서 엽전에 구멍에 실을 넣어 많은 엽전을 한 번에 들고 다닐 수 있게 하였습니다.

아직도 엽전을 사용하는 곳이 있다고?

서울에는 엽전으로 음식을 살 수 있는 시장이 있습니다. 바로 **통인 시장**인데요, 이 곳에선 엽전을 내고 원하는 음식을 사먹을 수 있습니다. 재미있는 경험을 할 수 있는 곳이니만큼 통인시장은 외국인들에게도 아주 인기가 많은 곳이랍니다.

✏️ 빈칸을 알맞게 채워보세요.

💗 옛날에 쓰던 화폐를 (　　　　　)이라고 합니다.

💗 엽전의 둥근 모양은 (　　　　　)을 본뜬 것이고 네모난 구멍은 (　　　　　)을 본뜬 것 입니다.

💗 (　　　　　)에선 엽전을 내고 원하는 음식을 사먹을 수 있습니다.

06 오천원 (2)

5,000원

1,000원 지폐를 사용하여 5,000원을 나타내봅시다.

=

알아두기

- 1,000원이 5장 있으면 **5,000원**입니다.
- 천원이 다섯장 있으면 **오천원**입니다.

1,000원 지폐를 사용하여 5,000원을 나타내봅시다.

알맞은 말에 ○해봅시다.

5,000원 1장()은 (1,000원 / 5,000원),

1,000원 5장( )은 (1,000원 / 5,000원) 이므로

5,000원 1장과 1,000원 5장의 금액은 (같습니다/다릅니다).

합쳐서 5,000원이 되도록 1,000원 지폐를 묶어보세요.

주머니 안에 있는 금액이 5,000원이 되도록 화폐 붙임 딱지를 붙여봅시다.

연습문제

✏️ 다음 화폐가 나타내는 금액을 적고 이를 한글로 적어봅시다.

금액: 한글:

✏️ 빈칸에 들어갈 알맞은 말을 〈보기〉에서 찾아 적어봅시다.

💗 5,000원 화폐에 그려진 사람은 (   )입니다.

💗 화폐는 (   )에서 만들어집니다.

💗 5,000원 뒷 면에는 (   )가 그려져 있습니다.

💗 5,000원 1장은 (   ) 입니다.

💗 1,000원 (   )은 5,000원 입니다.

💗 5,000원 1장과 1,000원 5장은 금액이 (   ).

〈보기〉

같습니다 / 율곡 이이 / 5장
한국은행 / 초충도 / 5,000원

다음 글을 읽고 물음에 답해봅시다.

미라는 지갑에 1,000원 3장이 있습니다 그런데 오늘 1,000원 2장을 책꽂이에서 발견했습니다. 미라가 가진 돈은 모두 얼마일까요?

💗 미라가 가진 돈만큼 화폐 붙임 딱지를 붙여봅시다.

위치	화폐 붙임 딱지	금액
지갑		
책꽂이		

💗 미라가 가진 돈은 모두 얼마인가요?

원

태석이는 5,000원 지폐 1장을 모두 1,000원 지폐로 교환하기 위해 화폐 교환기에 돈을 넣었습니다. 태석이가 받는 1,000원 지폐는 모두 몇 장일까요?

💗 5,000원 1장은 1,000원 몇 장과 금액이 같나요?

장

💗 태석이가 화폐 교환기에서 받는 1,000원 지폐는 모두 몇 장일까요?

장

07 오천원, 천원 지폐 계산하기 (1)

월   일

5,000원 ~ 9,000원

5,000원과 1,000원 지폐를 사용하여 5,000원부터 9,000원을 나타내봅시다.

(5000원 1장)	5,000원 1장	5,000원 오천원
(5000원 1장, 1000원 1장)	5,000원 1장 1,000원 1장	6,000원 육천원
(5000원 1장, 1000원 2장)	5,000원 1장 1,000원 2장	7,000원 칠천원
(5000원 1장, 1000원 3장)	5,000원 1장 1,000원 3장	8,000원 팔천원
(5000원 1장, 1000원 4장)	5,000원 1장 1,000원 4장	9,000원 구천원

✏️ 5,000원과 1,000원 지폐가 몇 장인지 세어보고 알맞은 금액을 숫자와 한글로 적어봅시다.

지폐	금액	장수	
(5000원 1장, 1000원 1장)	5,000원	장	(숫자)
	1,000원	장	(한글)
(5000원 1장, 1000원 2장)	5,000원	장	(숫자)
	1,000원	장	(한글)
(5000원 1장)	5,000원	장	(숫자)
			(한글)
(5000원 1장, 1000원 4장)	5,000원	장	(숫자)
	1,000원	장	(한글)
(5000원 1장, 1000원 3장)	5,000원	장	(숫자)
	1,000원	장	(한글)

오천원, 천원 지폐 계산하기 (1)

📝 **알맞은 것끼리 연결해봅시다.**

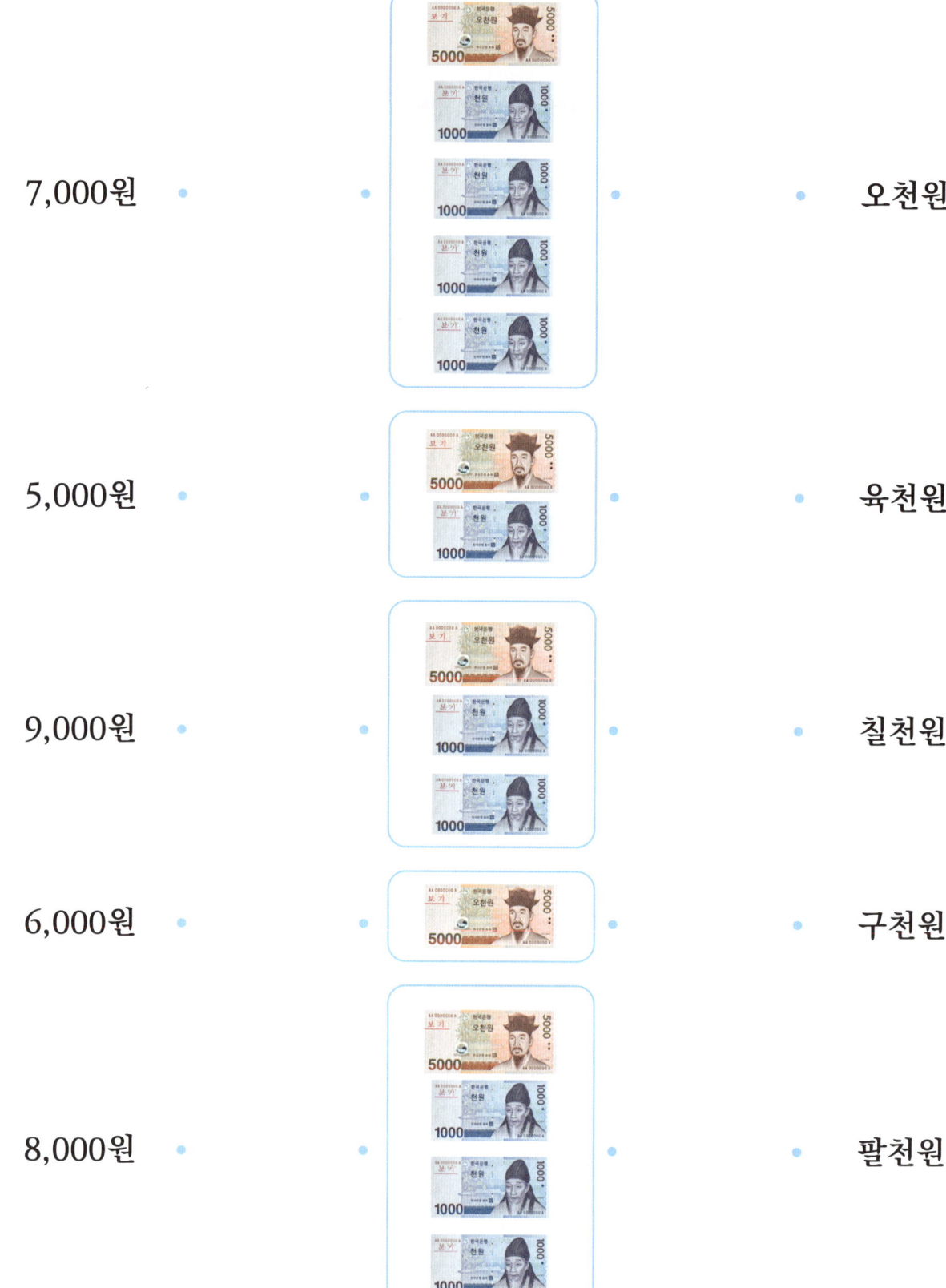

7,000원 •　　　•　　　•　오천원

5,000원 •　　　•　　　•　육천원

9,000원 •　　　•　　　•　칠천원

6,000원 •　　　•　　　•　구천원

8,000원 •　　　•　　　•　팔천원

음식의 가격에 맞게 5,000원과 1,000원 지폐를 붙여봅시다.

6,000원

7,000원

9,000원

8,000원

5,000원

주머니 안에 있는 금액을 적어봅시다.

원

원

원

원

✏️ 주머니 안의 금액을 적고, 하늘색 주머니에 있는 돈으로 살 수 있는 것은 하늘색, 노란색 주머니에 있는 돈으로 살 수 있는 것은 노란색으로 모두 ◯해봅시다.

원   원

5,000원

7,000원

8,000원

6,000원

9,000원

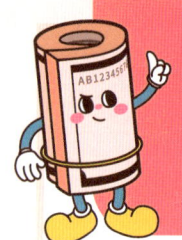

08 오천원, 천원 지폐 계산하기 (2)

월　　일

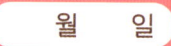

5,000원 ~ 9,000원

1,000원 지폐로 표현된 금액을 5,000원과 1,000원 지폐로 바꿔 나타내봅시다.

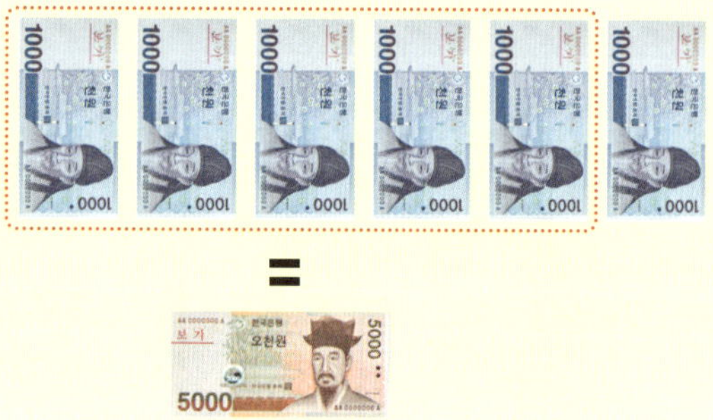

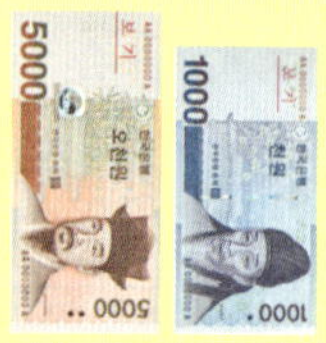

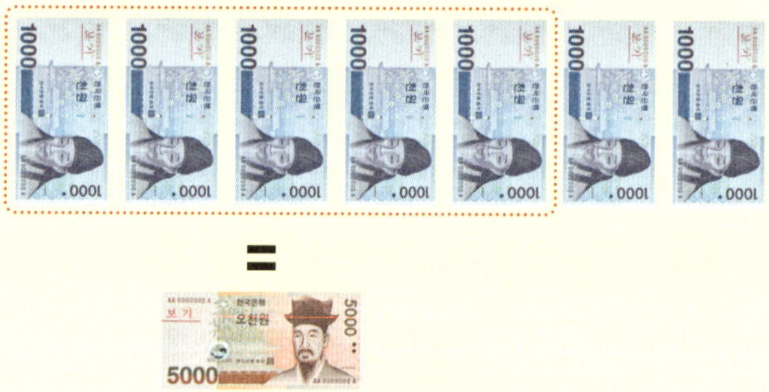

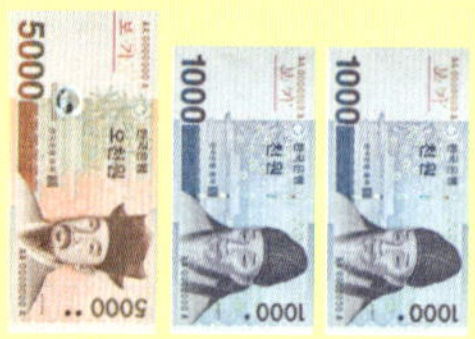

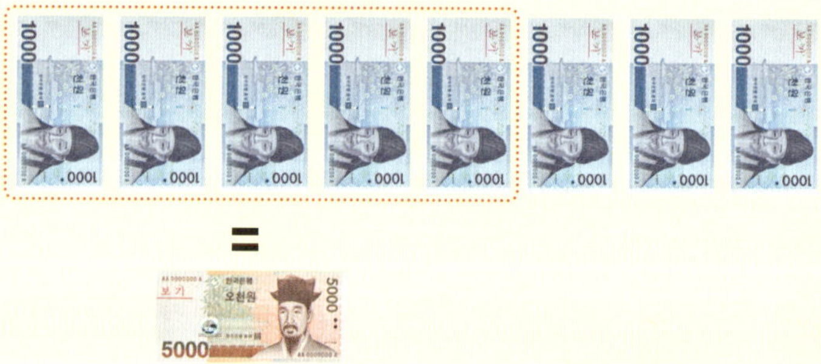

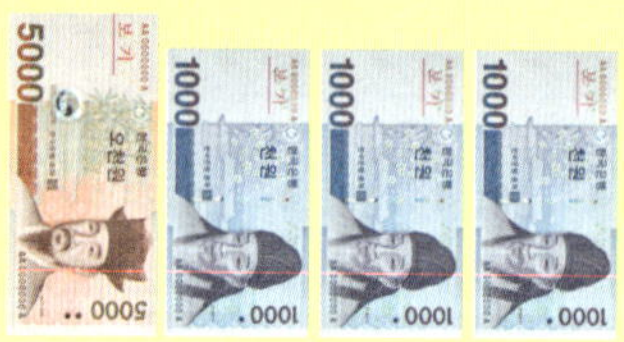

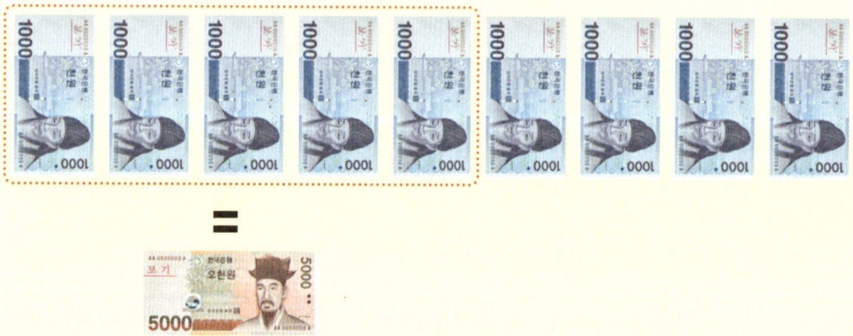

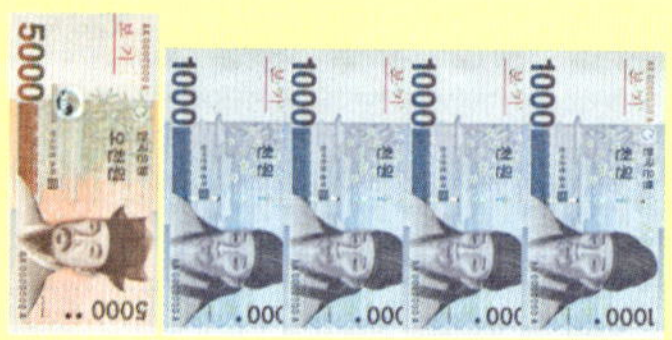

안의 금액이 얼마인지 적고, <보기>와 같이 5,000원 만큼 ◯한 후에 이를 5,000원과 1,000원 지폐로 바꿔 표현해봅시다.

원

원

원

같은 금액끼리 연결해봅시다.

   •   •

   •   •

   •   •

   •   •

주머니 안에 있는 금액을 적어봅시다.

원

원

원

원

서로 같은 금액이 되도록 오른쪽 칸에 화폐 붙임 딱지를 붙여봅시다.

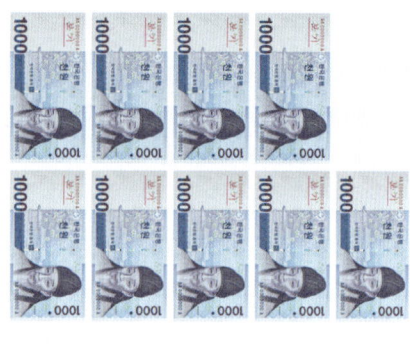 =

 =

 =

 =

서로 같은 금액이 되도록 오른쪽 칸에 화폐 붙임 딱지를 붙여봅시다.

 =

 =

 =

 =

물건의 가격과 같은 금액에 ◯ 해봅시다.

7,000원

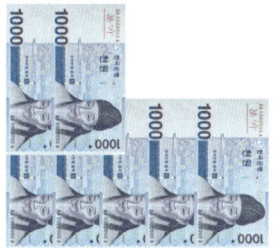　　

6,000원

8,000원

9,000원

   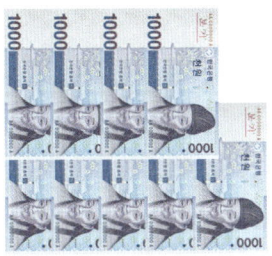

안의 금액을 적고 금액의 크기에 맞게 부등호(>, <, =)를 표시해봅시다.

9000 원		6000 원
6000 원		6000 원
13000 원		8000 원
6000 원		7000 원

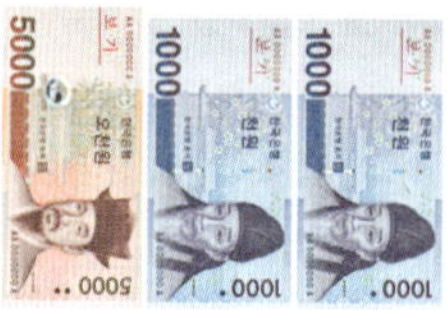

부등호는 수가 큰 쪽으로 입을 벌려요.
5000 < 6000 , 4000 > 2000

✏️ **카페의 메뉴를 보고 물음에 답해봅시다.**

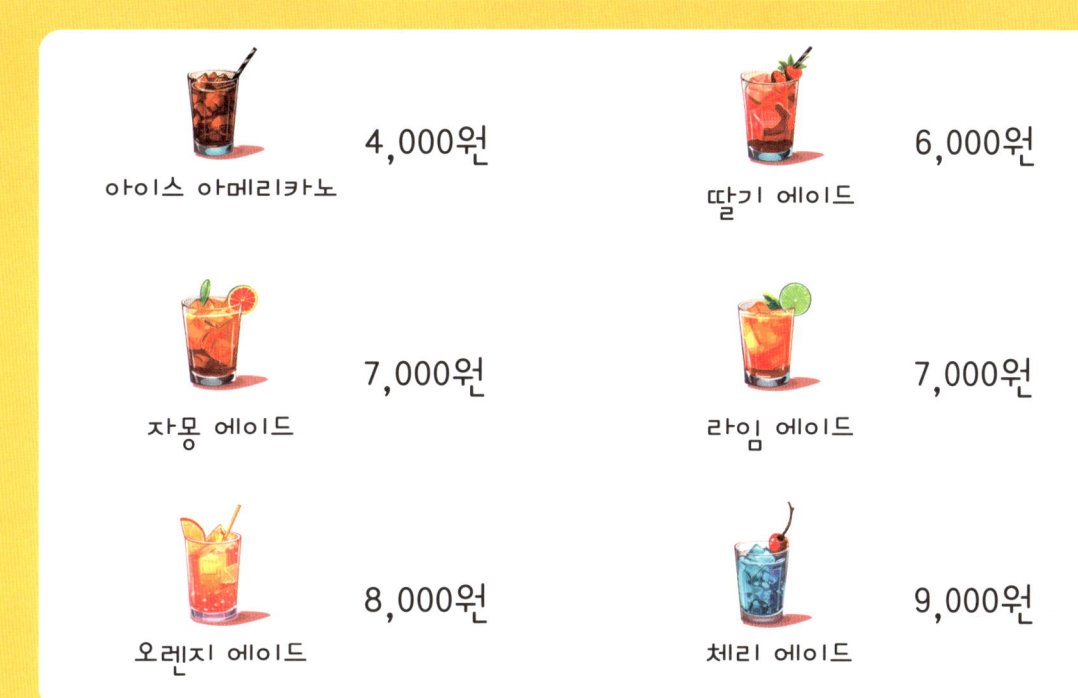

💟 가장 싼 메뉴는 무엇인가요?

💟 가격이 같은 메뉴 한 쌍을 적어봅시다.

,

💟 오렌지 에이드를 사려면 1,000원 지폐가 몇 장 필요한가요?

장

💟 체리에이드는 5,000원 지폐 1장과 1,000원 지폐 몇 장으로 살 수 있나요?

장

다음 글을 읽고 물음에 답해봅시다.

지호는 지갑을 열어보니 5,000원 1장, 1,000원 2장이 있었습니다. 지호가 가진 돈을 모두 1,000원짜리로 바꾸면 1,000원 지폐가 모두 몇 장이 될까요?

💗 지호가 가진 돈만큼 화폐 붙임 딱지를 붙이고 얼마를 가졌는지 적어봅시다.

이름	화폐 붙임 딱지
지호	

원

💗 지호가 가진 돈을 모두 1,000원 지폐로 바꿔 화폐 붙임 딱지로 나타내보세요.

💗 지호가 가진 돈을 모두 1,000원 지폐로 바꾸면 1,000원 지폐는 몇 장 필요한가요?

장

세승이는 5,000원 지폐가 1장, 1,000원 지폐가 3장이 있습니다. 세승이가 가진 돈을 모두 1,000원짜리로 바꾸면 세승이는 1,000원이 몇 장 필요할까요?

💗 세승이가 가진 돈은 모두 얼마인가요?

원

💗 세승이가 가진 돈을 모두 1,000원 지폐로 바꾸면 1,000원 지폐는 몇 장 필요한가요?

장

다음 글을 읽고 물음에 답해봅시다.

서현이는 지갑을 열어보니 1,000원 8장이 있었습니다. 서현이가 가진 돈을 5,000원 지폐를 포함하여 나타낸다면, 5,000원 1장과 1,000원 몇 장으로 나타낼 수 있을까요?

❤ 서현이가 가진 돈은 얼마인가요?

원

❤ 서현이가 가진 돈을 5,000원 지폐를 포함하여 화폐 붙임 딱지로 나타내보세요.

❤ 1,000원 지폐는 모두 몇 장인가요?

장

주연이는 5,000원 1장을 가지고 있습니다. 승희는 1,000원 1장을 가지고 있습니다. 주연이와 승희가 가진 돈으로 살 수 있는 물건은 무엇인가요?

❤ 주연이와 승희가 가진 돈은 모두 얼마인가요?

원

❤ 주연이와 승희가 가진 돈으로 살 수 있는 물건에 ◯를 해봅시다.

09 만원 (1)

💡 10,000원

〈 앞 면 〉

〈 뒷 면 〉

😊 **알아두기**

- 10,000원은 지폐 중 세 번째로 큰 단위의 돈입니다.
- 10,000원이라 쓰고 만원이라고 읽습니다.

💡 10,000원 지폐를 자세히 살펴봅시다.

① 기번호
화폐가 **만들어진 순서**를 나타내는 번호입니다.

② 한국은행
화폐는 **한국은행**에서 만들어집니다.

③ 세종대왕
10,000원짜리 지폐에는 **세종대왕**이 그려져 있습니다.

④ 점자
시각장애인이 화폐를 구별할 수 있도록 **점자가 3개** 새겨져 있습니다.

⑤ 혼천의
10,000원 지폐 뒷 면에는 조선시대에 태양, 달의 위치를 알려주는 데 사용되었던 **혼천의**가 그려져 있습니다.

✏️ 질문에 알맞은 답을 써봅시다.

💟 10,000원 화폐에는 누가 그려져 있나요?

💟 10,000원 화폐에는 점자가 몇 개 새겨져 있나요?

10,000원 화폐를 완성해봅시다.

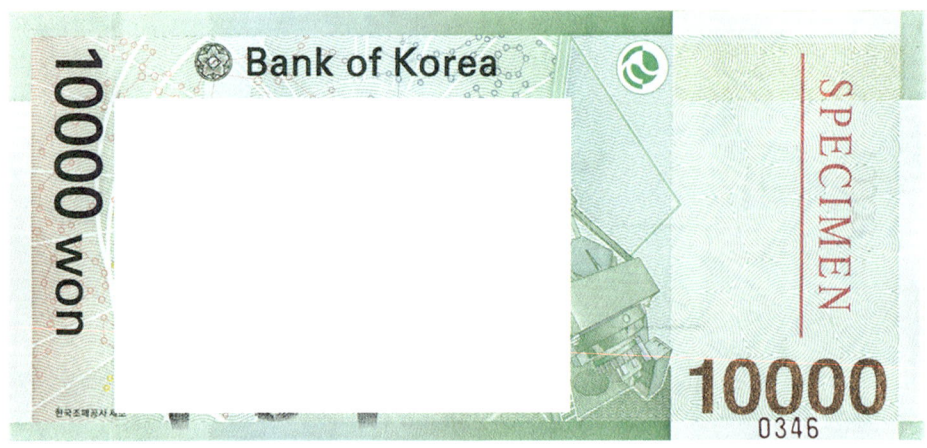

 따라 써봅시다.

10,000원 만원   10,000원   만원

 다른 나라의 화폐를 알아봅시다.

미국
미국의 1달러($) 지폐에는 조지 워싱턴이 그려져 있습니다.
조지 워싱턴은 미국의 첫 대통령입니다.

영국

영국 지폐에는 모두 엘리자베스 2세가 그려져 있습니다.
엘리자베스 2세는 영국의 여왕이었습니다.

일본
일본의 5,000엔(¥) 지폐에는 히구치 이치요가 그려져 있습니다.
히구치 이치요는 일본의 소설가입니다.

 알맞은 것끼리 이어보세요.

   •   • 일본

 •   • 영국

 •   • 미국

10 만원 (2)

월   일

 10,000원

5,000원 지폐와 1,000원 지폐를 사용하여 10,000원을 나타내봅시다.

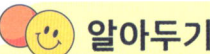 **알아두기**

- 1,000원이 **10장** 있으면 10,000원입니다.
- 5,000원이 **1장**, 1,000원이 **5장** 있으면 10,000원입니다.
- 5,000원이 **2장** 있으면 10,000원입니다.

💡 1,000원으로 10,000원을 표현해봅시다.

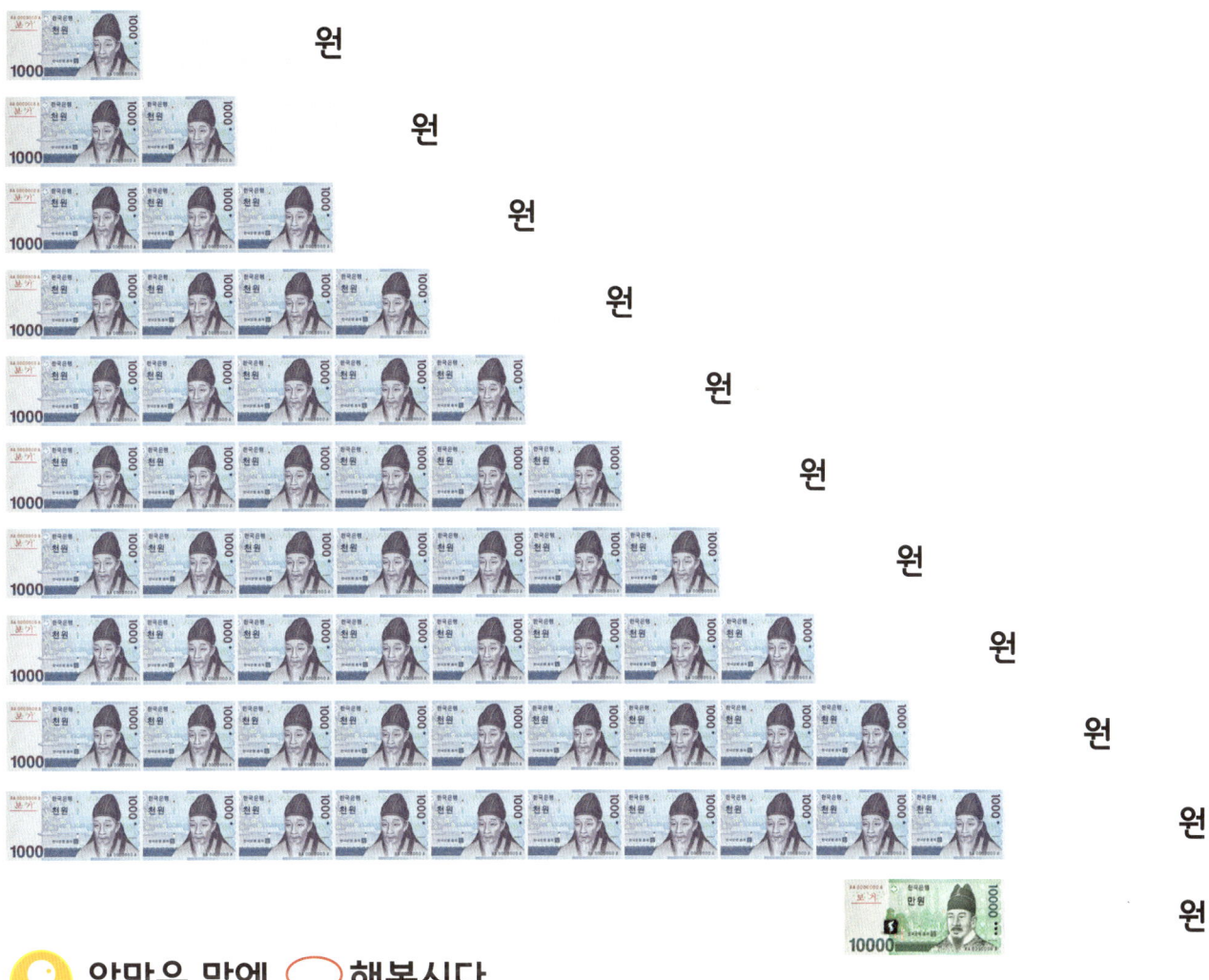

💡 알맞은 말에 ◯해봅시다.

10,000원 1장( )은 (1,000원 / 10,000원),

1,000원 10장( )은

(5,000원 / 10,000원) 이므로

10,000원 1장과 1,000원 10장의 금액은 (같습니다/다릅니다).

✏️ 1,000원과 5,000원으로 10,000원을 표현해봅시다.

✏️ 5,000원으로 10,000원을 표현해봅시다.

✏️ 빈칸에 알맞은 말을 쓰세요.

- 5,000원 1장( )과 1,000원 5장( )을 합치면 ( )원입니다.

- 5,000원 2장( )은 ( )원입니다.

✏️ **합쳐서 10,000원이 되도록 지폐를 묶어보세요.**

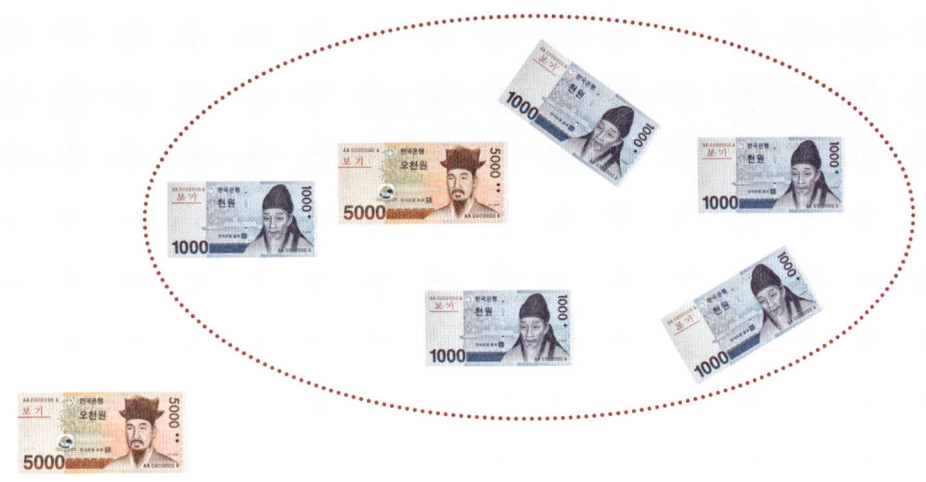

합쳐서 10,000원이 되도록 연결해봅시다.

 • •

 • •

 • •

 • •

주머니 안에 있는 금액이 만원이 되도록 필요한 화폐 붙임 딱지를 붙여주세요.

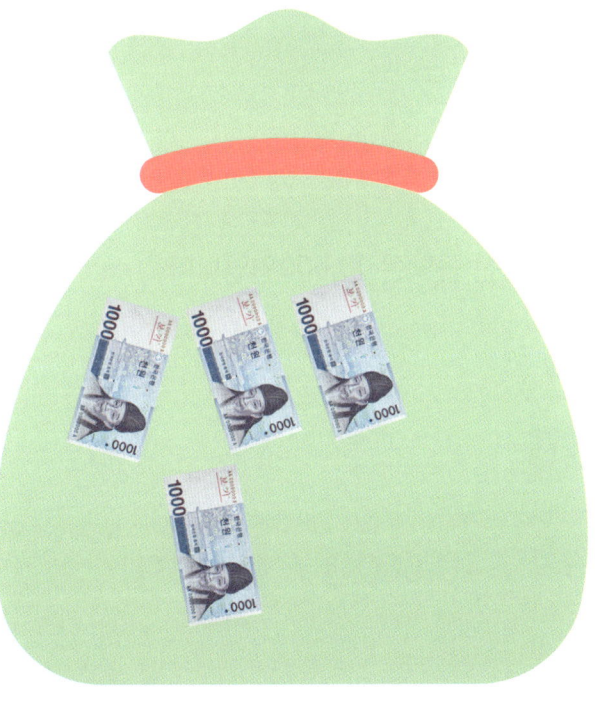

연습문제

✏️ **다음 화폐가 나타내는 금액을 적고 이를 한글로 적어봅시다.**

금액: 한글:

✏️ **빈칸에 들어갈 알맞은 말을 <보기>에서 찾아 적어봅시다.**

💗 10,000원 화폐에 그려진 사람은 (   )입니다.

💗 화폐가 만들어진 순서를 나타내는 번호는 (   )입니다.

💗 10,000원 뒷 면에는 (   )가 그려져 있습니다.

💗 10,000원 1장은 (   )입니다.

💗 5,000원 1장과 1,000원 (   )을 합친 금액은 10,000원입니다.

💗 5,000원 2장의 금액은 1,000원 10장의 금액과 (   ).

<보기>

기번호 / 세종대왕 / 혼천의 / 5장 / 10,000원 / 같습니다

다음 글을 읽고 물음에 답해봅시다.

지애는 지갑에 1,000원 지폐 5장이 있습니다. 그런데 오늘 5,000원 지폐 1장을 책꽂이에서 발견했습니다. 지애가 가진 돈은 모두 얼마일까요?

♥ 지애가 가진 돈만큼 화폐 붙임 딱지를 붙여봅시다.

위치	화폐 붙임 딱지
지갑	
책꽂이	

♥ 지애가 가진 돈은 모두 얼마인가요?

원

다석이는 10,000원짜리 실내화를 사려고 합니다. 다석이가 1,000원과 5,000원 지폐를 사용하여 실내화를 계산할 수 있는 방법 3가지는 무엇일까요?

♥ 다석이가 실내화를 살 수 있는 방법 3가지를 화폐 붙임 딱지로 붙여봅시다.

방법	화폐 붙임 딱지
방법 1	
방법 2	
방법 3	

11 만원 지폐 계산하기 (1)

10,000원 ~ 50,000원

10,000원 지폐를 사용하여 10,000원부터 50,000원을 나타내봅시다.

지폐	장수	금액
(지폐 1장)	10,000원 1장	10,000원 만원
(지폐 2장)	10,000원 2장	20,000원 이만원
(지폐 3장)	10,000원 3장	30,000원 삼만원
(지폐 4장)	10,000원 4장	40,000원 사만원
(지폐 5장)	10,000원 5장	50,000원 오만원

10,000원 지폐가 몇 장인지 세어보고 알맞은 금액을 숫자와 한글로 적어봅시다.

지폐	금액	장수	
(5장)	10,000원	장	(숫자) (한글)
(3장)	10,000원	장	(숫자) (한글)
(2장)	10,000원	장	(숫자) (한글)
(4장)	10,000원	장	(숫자) (한글)
(1장)	10,000원	장	(숫자) (한글)

만원 지폐 계산하기 (1)

✏️ **알맞은 것끼리 연결해봅시다.**

10,000원 • （5장） • 이만원

20,000원 • （2장） • 만원

40,000원 • （3장） • 삼만원

30,000원 • （1장） • 오만원

50,000원 • （4장） • 사만원

물건의 가격에 맞게 10,000원 지폐를 붙여봅시다.

20,000원

30,000원

10,000원

50,000원

40,000원

주머니 안에 있는 금액을 적어봅시다.

원

원

원

원

주머니 안의 금액을 ☐ 안에 적고 그 돈으로 살 수 있는 물건에 모두 ◯ 해봅시다.

원

30,000원　　40,000원　　50,000원

원

20,000원　　30,000원　　40,000원

원

7,000원　　10,000원　　20,000원

만원 지폐 계산하기 (1)

12 만원 지폐 계산하기 (2)

월   일

 60,000원 ~ 90,000원

10,000원 지폐를 사용하여 60,000원부터 90,000원을 나타내봅시다.

지폐	장수	금액
(10,000원 지폐 6장)	10,000원 6장	60,000원 / 육만원
(10,000원 지폐 7장)	10,000원 7장	70,000원 / 칠만원
(10,000원 지폐 8장)	10,000원 8장	80,000원 / 팔만원
(10,000원 지폐 9장)	10,000원 9장	90,000원 / 구만원

10,000원 지폐가 몇 장인지 세어보고 알맞은 금액을 숫자와 한글로 적어봅시다.

지폐	금액	장수	숫자 / 한글
(10,000원 지폐 8장)	10,000원	장	(숫자) (한글)
(10,000원 지폐 10장)	10,000원	장	(숫자) (한글)
(10,000원 지폐 7장)	10,000원	장	(숫자) (한글)
(10,000원 지폐 6장)	10,000원	장	(숫자) (한글)

만원 지폐 계산하기 (2)

✏️ **알맞은 것끼리 연결해봅시다.**

60,000원　•　　　　　　•　칠만원

70,000원　•　　　　　　•　팔만원

80,000원　•　　　　　　•　구만원

90,000원　•　　　　　　•　육만원

물건의 가격에 맞게 10,000원 지폐를 붙여봅시다.

주머니 안에 있는 금액이 ◯ 안의 금액이 되도록 화폐 붙임 딱지를 붙여봅시다.

80,000원

70,000원

90,000원

60,000원

주머니 안의 금액을  안에 적고 그 돈으로 살 수 있는 물건에 모두 ◯해봅시다.

원

50,000원

60,000원

70,000원

원

70,000원

80,000원

90,000원

원

70,000원

80,000원

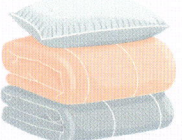

90,000원

주머니 안에 있는 금액을 적어봅시다.

원

원

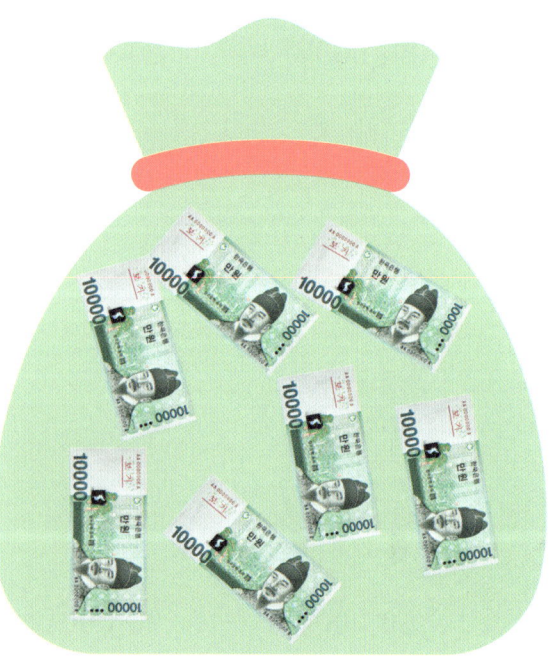

원

원

안의 금액을 적고 금액의 크기에 맞게 부등호(>, <, =)를 표시해봅시다.

　　　　　　　원　　　　　　　　　　　　　원

　　　　　　　원　　　　　　　　　　　　　원

　　　　　　　원　　　　　　　　　　　　　원

　　　　　　　원　　　　　　　　　　　　　원

안의 금액을 적고 금액의 크기에 맞게 부등호(>, <, =)를 표시해봅시다.

(10000) 원   (9000) 원

(10000) 원   (20000) 원

(9000) 원   (25000) 원

(50000) 원   (5000) 원

✏️ 한서는 겨울에 입을 옷을 사려고 마음에 드는 것을 골라놨습니다. 물음에 답해봅시다.

사고 싶은 옷 목록

분홍 패딩	노란 점퍼	오리털 패딩	포근 니트
80,000원	70,000원	90,000원	60,000원

💗 가장 싼 옷은 무엇인가요?

💗 노란 점퍼를 산다면 10,000원 지폐가 몇 장 필요할까요?

　　　　　　　　　　　　　　　　　　　　　　장

💗 80,000원으로 살 수 <u>없는</u> 외투는 무엇인가요?

💗 가장 사고 싶은 옷을 적고 10,000원 지폐가 몇 장 필요한지 적어봅시다.

　　　가장 사고 싶은 옷은 　　　　　　　　이고

　　　10,000원 지폐 　　　장이 필요합니다.

다음 글을 읽고 물음에 답해봅시다.

나연이네 가족은 키즈 카페 입장료로 40,000원을 내고 30,000원으로 점심을 사먹었습니다. 나연이네 가족이 키즈 카페에서 쓴 돈은 모두 얼마인가요?

♥ 나연이네 가족이 쓴 돈을 적고 화폐 붙임 딱지를 붙여봅시다.

구매한 것	가 격	화폐 붙임 딱지
입장료	40,000원	

♥ 나연이네 가족이 키즈 카페에서 쓴 돈은 모두 얼마인가요?

원

민지는 10,000원 6장을 가지고 있습니다. 민지가 살 수 있는 물건은 무엇인가요?

♥ 민지가 가진 돈은 모두 얼마인가요?

원

♥ 민지가 가진 돈으로 살 수 있는 물건에 ◯를 해봅시다.

다음 글을 읽고 물음에 답해봅시다.

명희는 60,000원짜리 로봇 장난감을 사기 위해 10,000원 4장을 모았습니다. 명희는 얼마를 더 모아야 로봇 장난감을 살 수 있을까요?

💟 명희가 사려는 것의 가격을 적고 화폐 붙임 딱지를 붙여봅시다.

사려는 것	가 격	화폐 붙임 딱지

💟 명희가 모은 돈만큼 화폐 붙임 딱지를 붙여봅시다.

명희가 모은 돈	화폐 붙임 딱지

💟 명희가 로봇 장난감을 사기 위해선 얼마가 더 필요할까요?

                                                                원

미경이는 10,000원 5장을 가지고 있습니다. 수영이는 10,000원 2장을 가지고 있습니다. 누가 얼마나 더 많은 돈을 가지고 있나요?

💟 미경이와 수영이가 가진 돈은 각각 얼마인가요?

   미경 :   원,   수영 :   원

💟 누가 얼마나 더 많은 돈을 가지고 있나요?

   💡 (큰 금액) - (작은 금액)을 하여 금액을 비교해요.   ,   원

13 오만원 (1)

 50,000원

〈 앞 면 〉

〈 뒷 면 〉

알아두기

- 50,000원은 지폐 중 가장 큰 단위의 돈입니다.
- 50,000원이라 쓰고 오만원이라고 읽습니다.

💡 50,000원 지폐를 자세히 살펴봅시다.

① 기번호
화폐가 만들어진 순서를 나타내는 번호입니다.

② 한국은행
화폐는 **한국은행**에서 만들어집니다.

③ 신사임당
50,000원 지폐에는 **신사임당**이 그려져 있습니다.
신사임당은 율곡 이이의 어머니입니다.

④ 점자
50,000원권은 **선 다섯개**로 점자를 표현합니다.

⑤ 월매도
50,000원 지폐 뒷 면에는 어몽룡 작가가 그린 **월매도** 그림이 그려져 있습니다.
월매도는 매화를 그린 그림입니다.

✏️ 질문에 알맞은 답을 써봅시다.

💗 50,000원 화폐에는 누가 그려져 있나요?

💗 화폐는 어디서 만들어지나요?

50,000원 화폐를 완성해봅시다.

 따라 써봅시다.

50,000원   오만원   50,000원   오만원

이야기 글

인터넷 쇼핑이란?

요즘에는 집 밖으로 나가지 않고서도 물건을 살 수 있습니다. 어떻게 가게에 가지 않고 필요한 물건을 살 수 있을까요? 바로 인터넷의 물건 판매 페이지에 들어가 물건을 주문하면 됩니다.

이러한 인터넷 쇼핑의 장점은 집에 앉아서 편안하게 필요한 물건을 구경하고, 언제든지 물건을 살 수 있다는 것입니다. 그러나 물건을 직접 보지 못하고 고르기 때문에 사려고 했던 모양이나 색깔이 아니어서 실망할 때도 있고, 배달될 때까지 기다려야 한다는 단점이 있습니다.

사고 싶은 물건을 인터넷에 검색하고 가격을 적어봅시다.

사고 싶은 물건	가격

14 오만원 (2)

월   일

 50,000원

10,000원 지폐를 사용하여 50,000원을 나타내봅시다.

=

😊 알아두기

- 10,000원이 5장 있으면 **50,000원**입니다.
- 만원이 다섯장 있으면 **오만원**입니다.

10,000원을 사용하여 50,000원을 나타내봅시다.

알맞은 말에 ◯해봅시다.

50,000원 1장()은 (10,000원 / 50,000원),

10,000원 5장()은 (10,000원 / 50,000원) 이므로

둘의 금액은 (같습니다 / 다릅니다).

합쳐서 50,000원이 되도록 10,000원 지폐를 묶어봅시다.

주머니 안에 있는 금액이 50,000원이 되도록 필요한 화폐 붙임 딱지를 붙여봅시다.

연습문제

✎ 다음 화폐가 나타내는 금액을 적고 이를 한글로 적어봅시다.

금액: 한글:

✎ 빈칸에 들어갈 알맞은 말을 〈보기〉에서 찾아 적어봅시다.

💗 50,000원 화폐에 그려진 사람은 (   )입니다.

💗 신사임당은 (   )의 어머니입니다.

💗 50,000원 뒷 면에는 (   )가 그려져 있습니다.

💗 50,000원 1장은 (   ) 입니다.

💗 10,000원 (   )은 50,000원 입니다.

💗 50,000원 (   )과 10,000원 5장은 금액이 같습니다.

〈보기〉

50,000원 / 신사임당 / 월매도 / 율곡 이이 / 5장 / 1장

다음 글을 읽고 물음에 답해봅시다.

승현이는 지갑에 10,000원 1장이 있습니다 그런데 오늘 10,000원 4장을 책꽂이에서 발견했습니다. 승현이가 가진 돈은 모두 얼마일까요?

💗 돈의 위치에 따라 승현이가 가진 돈만큼 화폐 붙임 딱지를 붙여봅시다.

위치	화폐 붙임 딱지	금액
지갑		
책꽂이		

💗 승현이가 가진 돈은 모두 얼마인가요?

원

인중이는 50,000원 1장을 10,000원 지폐로 바꾸기 위해 화폐 교환기에 넣었습니다. 화폐교환기에서 인중이가 받는 10,000원 지폐는 모두 몇 장일까요?

💗 10,000원이 몇 장 있으면 50,000원인가요?

장

💗 인중이가 화폐 교환기에서 받는 10,000원 지폐는 모두 몇 장일까요?

장

15 오만원, 만원 지폐 계산하기 (1)

월   일

💡 50,000원 ~ 90,000원

50,000원 지폐와 10,000원 지폐를 사용하여 50,000원부터 90,000원을 나타내봅시다.

(50,000원 1장)	50,000원 1장	50,000원 오만원
(50,000원 1장, 10,000원 1장)	50,000원 1장 10,000원 1장	60,000원 육만원
(50,000원 1장, 10,000원 2장)	50,000원 1장 10,000원 2장	70,000원 칠만원
(50,000원 1장, 10,000원 3장)	50,000원 1장 10,000원 3장	80,000원 팔만원
(50,000원 1장, 10,000원 4장)	50,000원 1장 10,000원 4장	90,000원 구만원

50,000원과 10,000원 지폐가 몇 장 있는지 세어보고 알맞은 금액을 숫자와 한글로 적어봅시다.

지폐 1장(5만원) + 10000원 2장	50,000원	장	(숫자)
	10,000원	장	(한글)
지폐 1장(5만원) + 10000원 1장	50,000원	장	(숫자)
	10,000원	장	(한글)
지폐 1장(5만원) + 10000원 4장	50,000원	장	(숫자)
	10,000원	장	(한글)
지폐 1장(5만원) + 10000원 3장	50,000원	장	(숫자)
	10,000원	장	(한글)
지폐 1장(5만원)	50,000원	장	(숫자)
			(한글)

✏️ **알맞은 것끼리 연결해봅시다.**

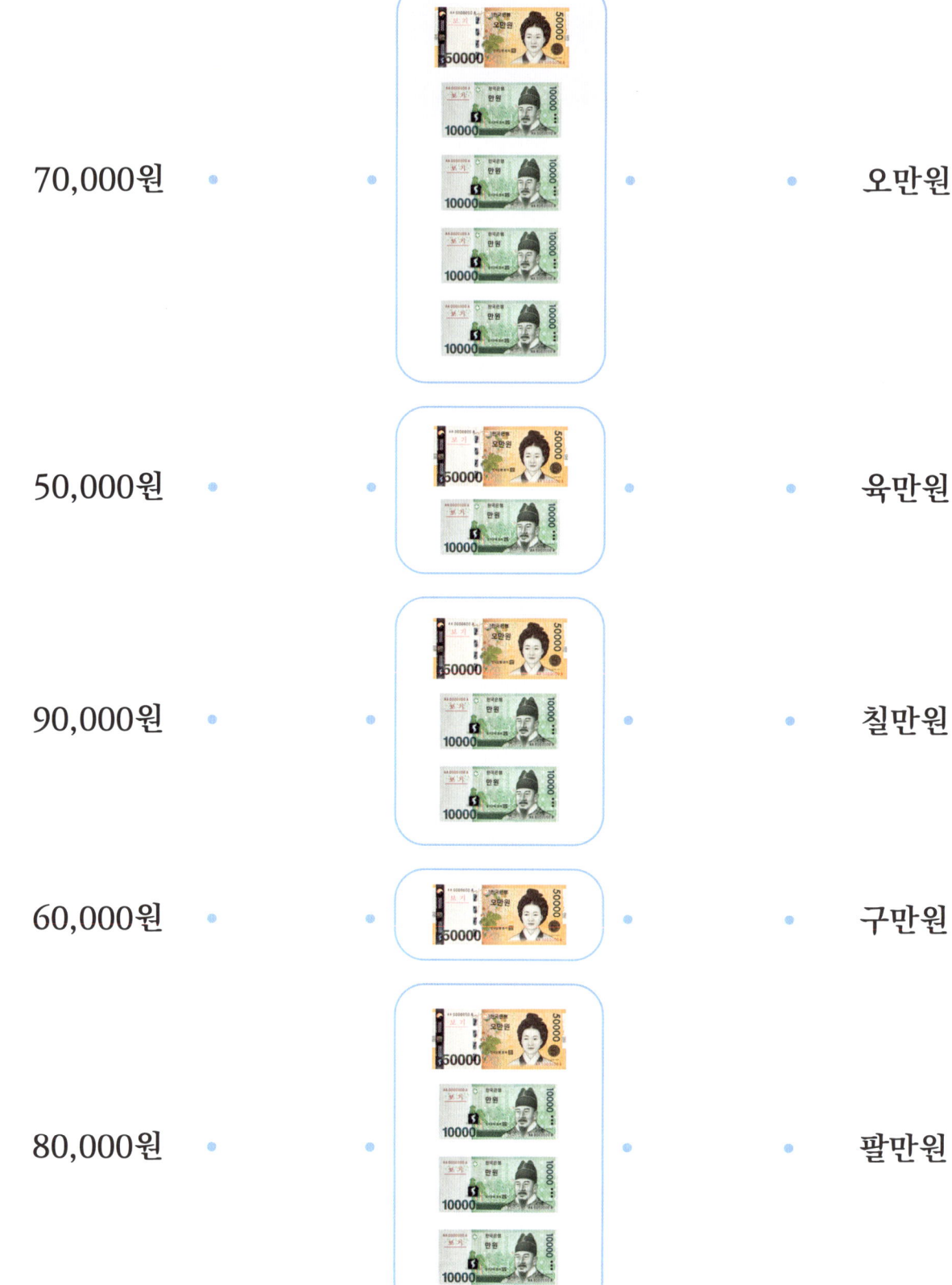

70,000원 •   •   • 오만원

50,000원 •   •   • 육만원

90,000원 •   •   • 칠만원

60,000원 •   •   • 구만원

80,000원 •   •   • 팔만원

물건의 가격에 맞게 50,000원과 10,000원 지폐를 붙여봅시다.

60,000원

70,000원

90,000원

80,000원

50,000원

주머니 안에 있는 금액을 적어봅시다.

원

원

원

원

✏️ 주머니 안의 금액을 적고, 분홍색 주머니에 있는 돈으로 살 수 있는 것은 분홍색, 노란색 주머니에 있는 돈으로 살 수 있는 것은 노란색으로 모두 ⭕ 해봅시다.

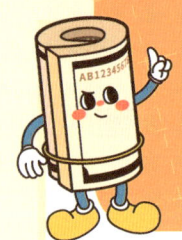

16 오만원, 만원 지폐 계산하기 (2)

월 일

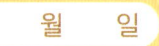

60,000원 ~ 90,000원

10,000원 지폐로 표현된 금액을 50,000원과 10,000원 지폐로 바꿔 나타내봅시다.

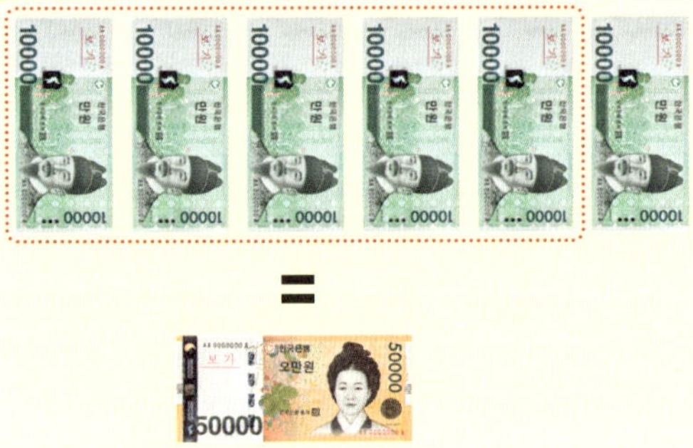

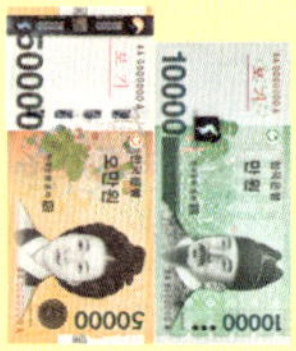

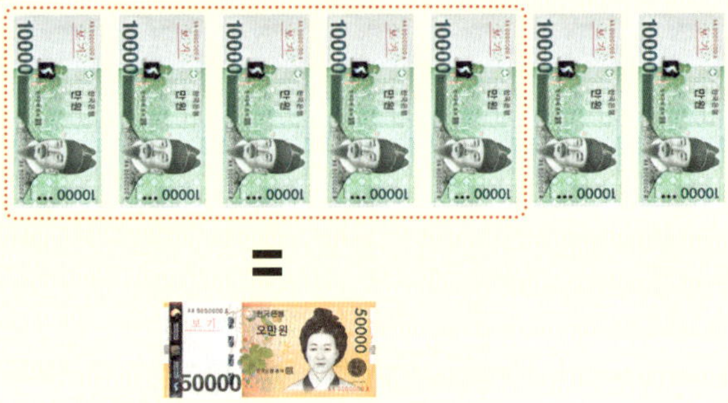

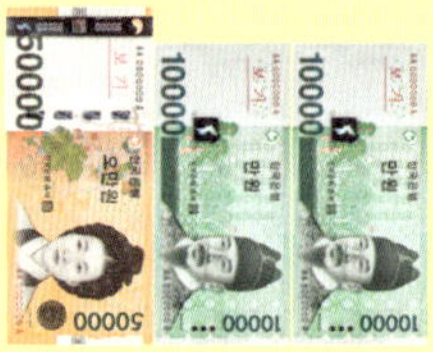

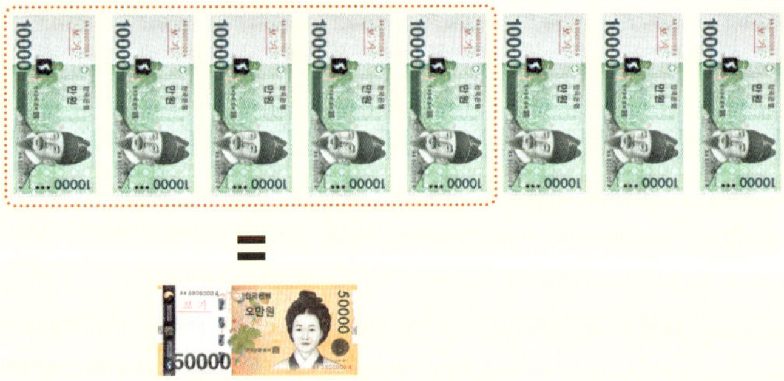

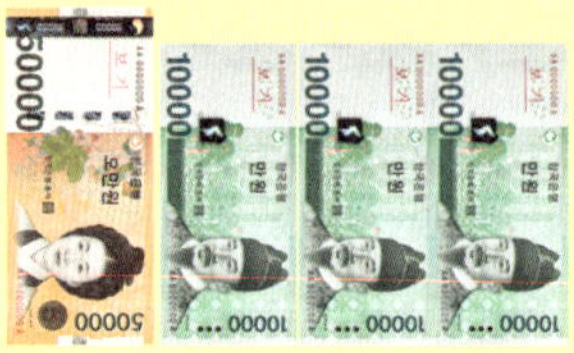

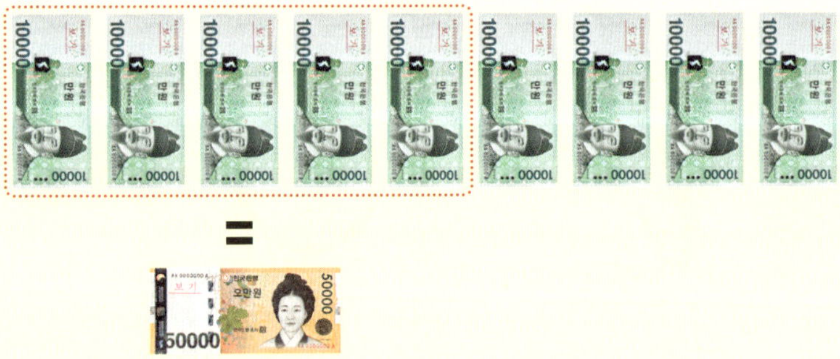

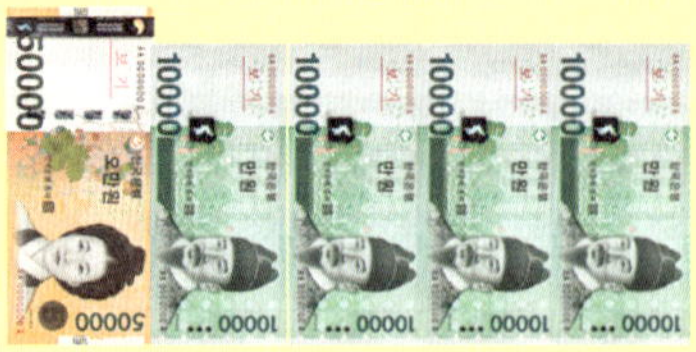

📝 <보기>와 같이 50,000원 만큼 ◯를 하고 금액을 적은 후 같은 금액을 50,000원과 10,000원 지폐로 표현해봅시다.

( ) 원

( ) 원

( ) 원

오만원, 만원 지폐 계산하기 (2)

같은 금액끼리 연결해봅시다.

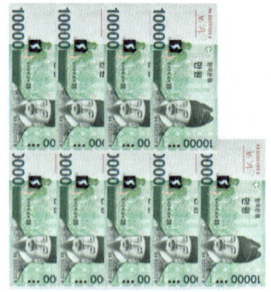   

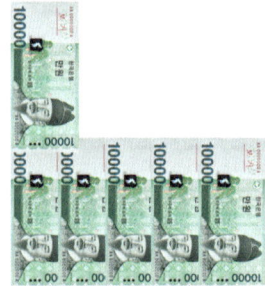   

✏️ **주머니 안에 있는 금액을 적어봅시다.**

원

원

원

원

서로 같은 금액이 되도록 오른쪽 칸에 화폐 붙임 딱지를 붙여봅시다.

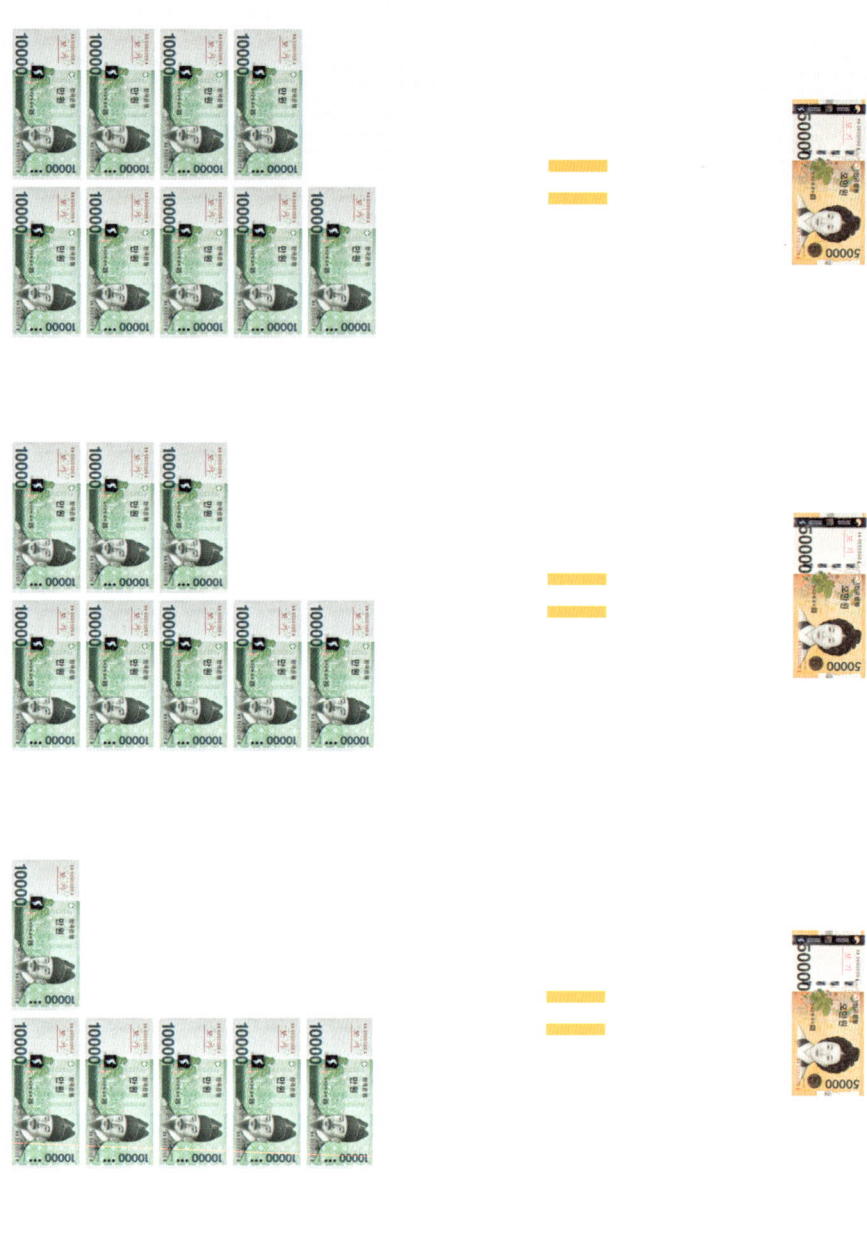

서로 같은 금액이 되도록 오른쪽 칸에 화폐 붙임 딱지를 붙여봅시다.

   =

   =

   =

   =

주머니 안에 있는 금액을 적어봅시다.

원

원

원

원

✏️ 물건의 가격과 같은 금액에 ◯ 해봅시다.

 70,000원
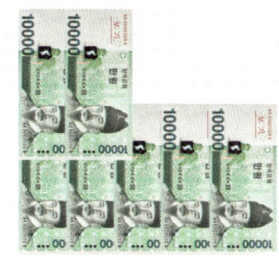

 60,000원

 80,000원

 90,000원

안의 금액을 적고 금액의 크기에 맞게 부등호(>, <, =)를 표시해봅시다.

50000 원	○	60000 원
70000 원	○	90000 원
60000 원	○	90000 원
50000 원	○	90000 원

110 차근차근 생활수학 화폐 계산하기

✏️ 예현이네 가족은 집을 꾸미기 위해 필요한 물건을 찾아보았습니다. 물음에 답하세요.

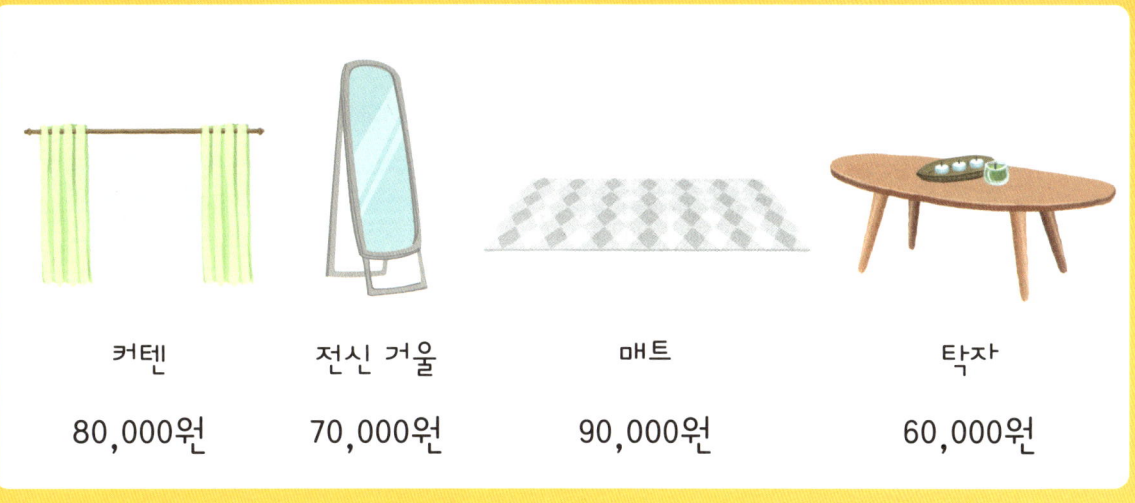

사고 싶은 물건 목록

커텐	전신 거울	매트	탁자
80,000원	70,000원	90,000원	60,000원

💗 가장 비싼 물건은 무엇인가요?

💗 전신거울을 산다면 50,000원 지폐 한 장과 10,000원 지폐가 몇 장이 필요할까요?

                                                                    장

💗 80,000원으로 살 수 없는 물건은 무엇인가요?

💗 내 방에 놓고 싶은 물건을 고르고 10,000원 지폐가 몇 장 필요한지 적어봅시다.

> 가장 사고 싶은 물건은   이고
>
> 10,000원 지폐   장이 필요합니다.

다음 글을 읽고 물음에 답해봅시다.

희승이는 50,000원 1장, 10,000원 2장을 가지고 있습니다. 연주는 10,000원 2장을 가지고 있습니다. 희승이와 연주가 가진 돈은 모두 얼마일까요?

♥ 희승이와 연주가 가진 돈만큼 화폐 붙임 딱지를 각각 붙여봅시다.

이름	화폐 붙임 딱지
희승	
연주	

♥ 희승이와 연주가 가진 돈은 모두 얼마인가요?

　　　　　　　　　　　　　　　　　　　　　　　원

윤정이는 50,000원 1장을 가지고 있습니다. 태훈이는 10,000원 1장을 가지고 있습니다. 물음에 답해봅시다.

♥ 윤정이와 태훈이가 가진 돈은 모두 얼마인가요?

　　　　　　　　　　　　　　　　　　　　　　　원

♥ 윤정이와 태훈이가 가진 돈으로 살 수 있는 물건에 ◯를 해봅시다.

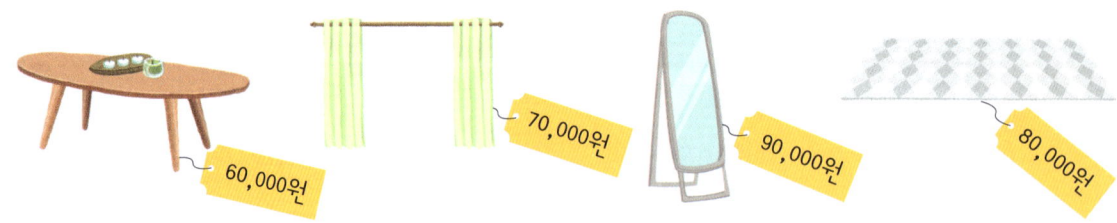

다음 글을 읽고 물음에 답해봅시다.

한송이는 50,000원 1장과 10,000원 3장을 가지고 있습니다. 연우는 10,000원 7장을 가지고 있습니다. 누가 얼마나 더 많은 돈을 가지고 있나요?

♥ 한송이와 연우가 가진 돈만큼 화폐 붙임 딱지를 붙여보세요.

이름	화폐 붙임 딱지
한송	
연우	

♥ 누가 얼마나 더 많은 돈을 가지고 있나요?

　　　　　　　　　　　　　　　　　　　　　　，　　　　　　　원

예성이는 50,000원 1장과 10,000원 4장을 가지고 있습니다. 예현이는 10,000원 8장을 가지고 있습니다. 누가 얼마나 더 많은 돈을 가지고 있나요?

♥ 예성이와 예현이가 가진 돈만큼 화폐 붙임 딱지를 붙여보세요.

이름	화폐 붙임 딱지
예성	
예현	

♥ 누가 얼마나 더 많은 돈을 가지고 있나요?

　　　　　　　　　　　　　　　　　　　　　　，　　　　　　　원

17 다양한 단위의 지폐 계산하기 (1)

💡 화폐 금액 계산하기

다양한 단위의 지폐가 포함된 값을 계산하는 방법을 알아봅시다.

① 10,000원 단위의 지폐와 1,000원 단위의 지폐를 나눈다.

② 각각의 금액을 계산한다.

70,000 원　　　7,000 원

③ 두 금액을 합쳐 계산한다.

70,000 원　　　7,000 원

 77,000 원

지폐를 10,000원 단위와 1,000원 단위로 나눈 후 각각의 금액을 계산하고 금액을 합쳐 계산해봅시다.

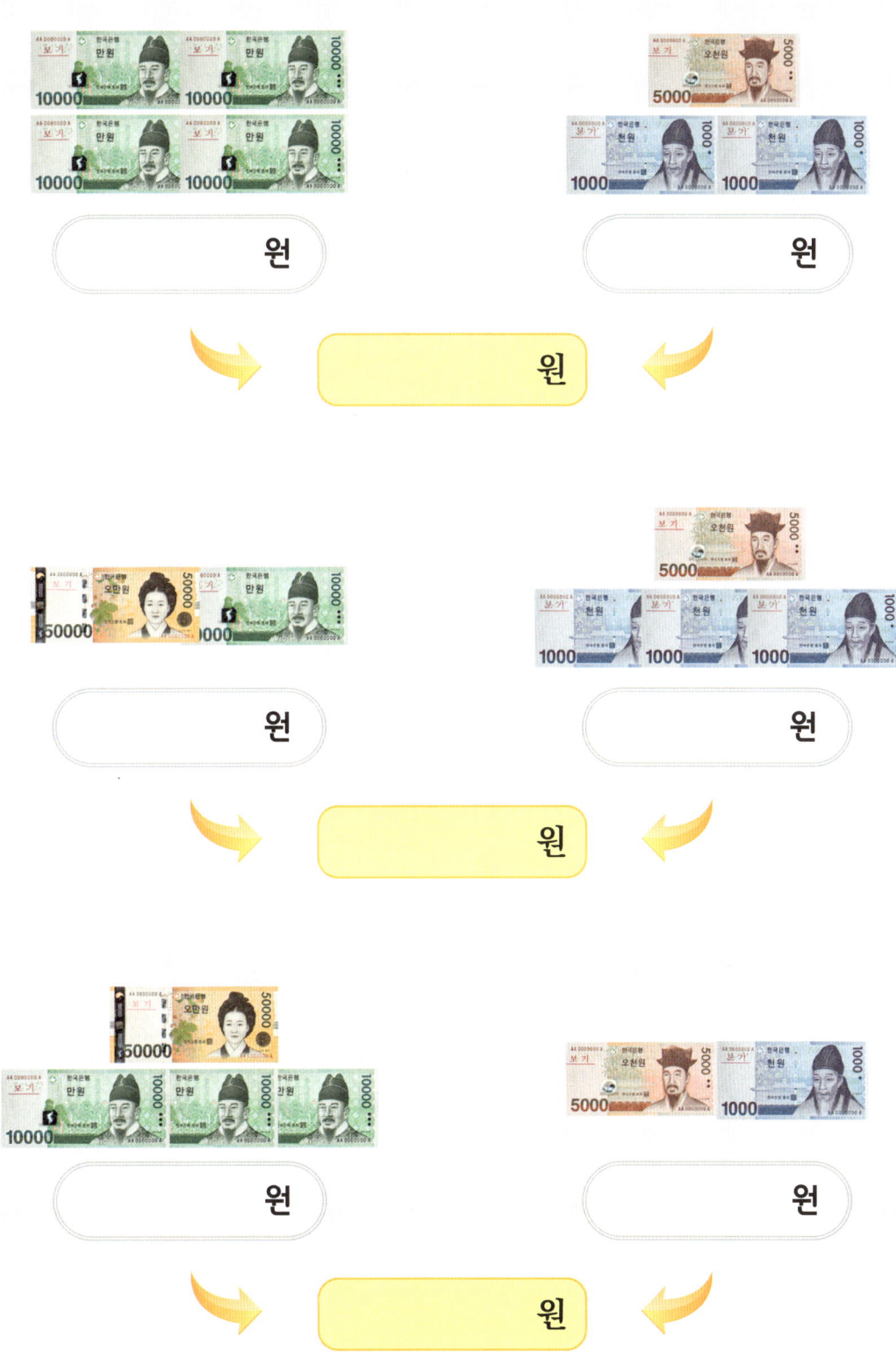

주머니 안에 있는 금액을 적어봅시다.

원

원

원

원

✏️ **물건의 가격에 맞게 연결해봅시다.**

 66,000원 • •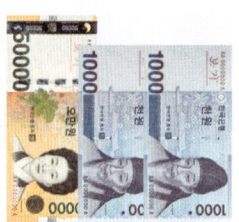

 52,000원 • •

 38,000원 • •

 83,000원 • •

 75,000원 • •

주머니 안에 있는 금액이  안의 금액이 되도록 화폐 붙임 딱지를 붙여봅시다.

68,000원

23,000원

79,000원

45,000원

물건의 가격에 맞게 지폐를 붙여봅시다.

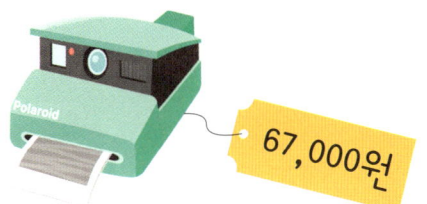
67,000원

72,000원

93,000원

86,000원

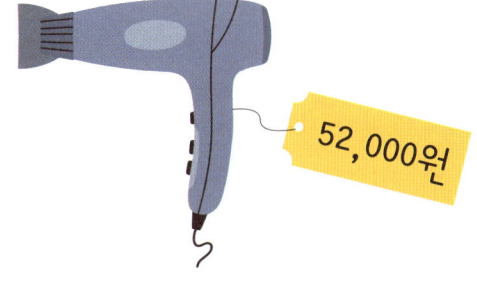
52,000원

18 다양한 단위의 지폐 계산하기 (2) 월   일

💡 화폐 금액 계산하기

다양한 단위의 지폐가 포함된 값을 계산하는 방법을 알아봅시다.

1 10,000원 단위의 지폐와 1,000원 단위의 지폐를 나눈다.

2 각각의 금액을 계산한다.

60,000 원   10,000 원

3 두 금액을 합쳐 계산한다.

60,000 원   10,000 원

   70,000   원

지폐를 10,000원 단위와 1,000원 단위로 나눈 후 각각의 금액을 계산하고 금액을 합쳐 계산해봅시다.

✎ 주머니 안에 있는 금액을 적어봅시다.

원

원

원

원

물건의 가격을 보고 내야할 금액만큼 화폐를 묶어봅시다.

 70,000원

 80,000원

 90,000원

다양한 단위의 지폐 계산하기(2)

주머니 안에 있는 금액이 　 안의 금액이 되도록 화폐 붙임 딱지를 붙여봅시다.

80,000원

30,000원

50,000원

90,000원

물건의 가격에 맞게 연결해봅시다.

연습문제

주머니 안에 있는 금액을 적어봅시다.

원

원

원

원

주머니 안의 금액을 ☐ 안에 적고 그 돈으로 살 수 있는 물건에 모두 ◯ 해봅시다.

원

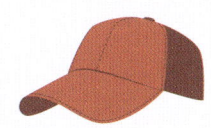  

30,000원   37,000원   40,000원

원

60,000원   70,000원   80,000원

원

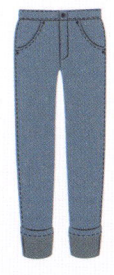  

75,000원   78,000원   80,000원

안의 금액을 적고 금액의 크기에 맞게 부등호(>, <, =)를 표시해봅시다.

정훈이는 갖고 싶은 생일 선물의 가격을 조사했습니다. 물음에 답해봅시다.

장난감 가게

게임기
86,000원

토끼 인형
70,000원

로봇
93,000원

큐브
67,000원

💗 가장 비싼 장난감은 무엇인가요?

💗 50,000원 1장, 10,000원 1장, 1,000원 7장으로 살 수 있는 장난감은 무엇인가요?

💗 정훈이가 토끼 인형을 산다고 할 때, 정훈이가 모은 돈은 얼마이고 얼마를 더 모아야할까요?

정훈이가 모은 돈	금액

더 모아야 하는 금액 :   원

다음 글을 읽고 물음에 답해봅시다.

가희는 50,000원 1장, 5,000원 2장을 가지고 있습니다. 서현이는 10,000원 2장을 가지고 있습니다. 가희와 서현이가 가진 돈은 모두 얼마일까요?

💗 가희와 서현이가 가진 돈만큼 화폐 붙임 딱지를 각각 붙여봅시다.

이름	화폐 붙임 딱지
가희	
서현	

💗 가희와 서현이가 가진 돈은 모두 얼마인가요?

원

주연이는 50,000원 1장, 5,000원 1장을 가지고 있습니다. 승희는 1,000원 5장을 가지고 있습니다. 주연이와 승희가 가진 돈으로 살 수 있는 물건은 무엇인가요?

💗 주연이와 승희가 가진 돈은 모두 얼마인가요?

원

💗 주연이와 승희가 가진 돈으로 살 수 있는 물건에 ⬭를 해봅시다.

다음 글을 읽고 물음에 답해봅시다.

예슬이는 장난감 레고를 사고 싶어 저금통에 돈을 모았습니다. 저금통을 열어보니 50,000원 1장과 1,000원 10장이 있었습니다. 물음에 답해봅시다.

♥ 예슬이가 가진 돈만큼 화폐 붙임 딱지를 붙이고 얼마를 가졌는지 적어봅시다.

이름	화폐 붙임 딱지
예슬	

♥ 예슬이가 가지고 싶은 레고가 80,000원이라면, 예슬이는 얼마를 더 모아야할까요?

　　　　　　　　　　　　　　　　　　　　　　원

지유는 50,000원 1장과 10,000원 2장을 가지고 있습니다. 인정이는 50,000원 1장과 5,000원 2장을 가지고 있습니다. 물음에 답해봅시다.

♥ 지유와 인정이가 가진 돈만큼 화폐 붙임 딱지를 붙여보세요.

이름	화폐 붙임 딱지	금액
지유		
인정		

♥ 누가 얼마나 더 많은 돈을 가지고 있나요?

　　　　　　　　　　　　　　　　　　, 　　　　원

< 4 페이지 >

< 5 페이지 >

 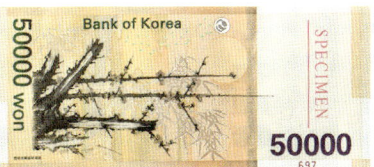

< 8 페이지 >

< 9 페이지 >

< 30 페이지 >

< 58 페이지 >

< 88 페이지 >

< 화폐 붙임 딱지 >

* 화폐 붙임 딱지는 여유분이 포함되어 있습니다.

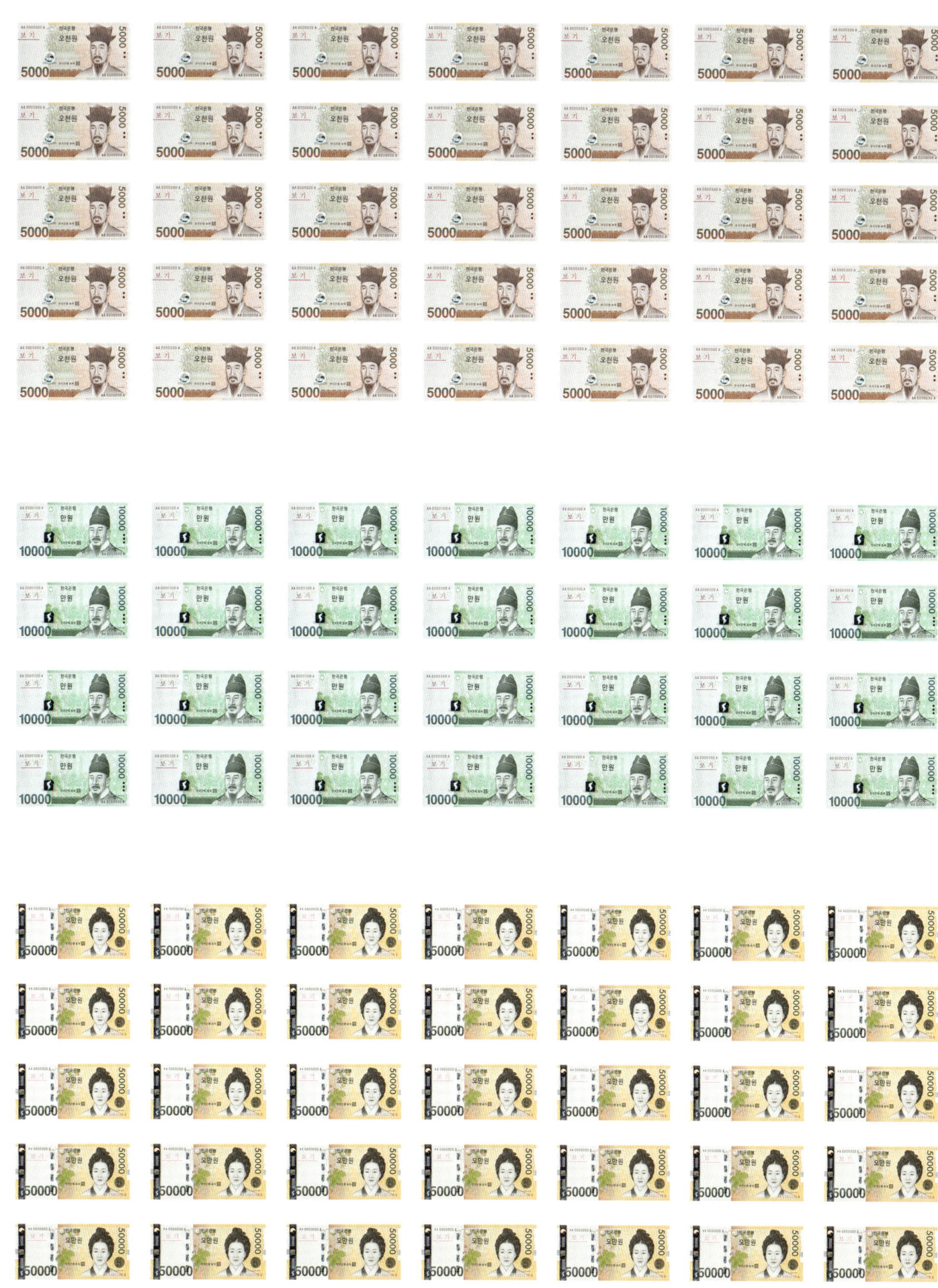

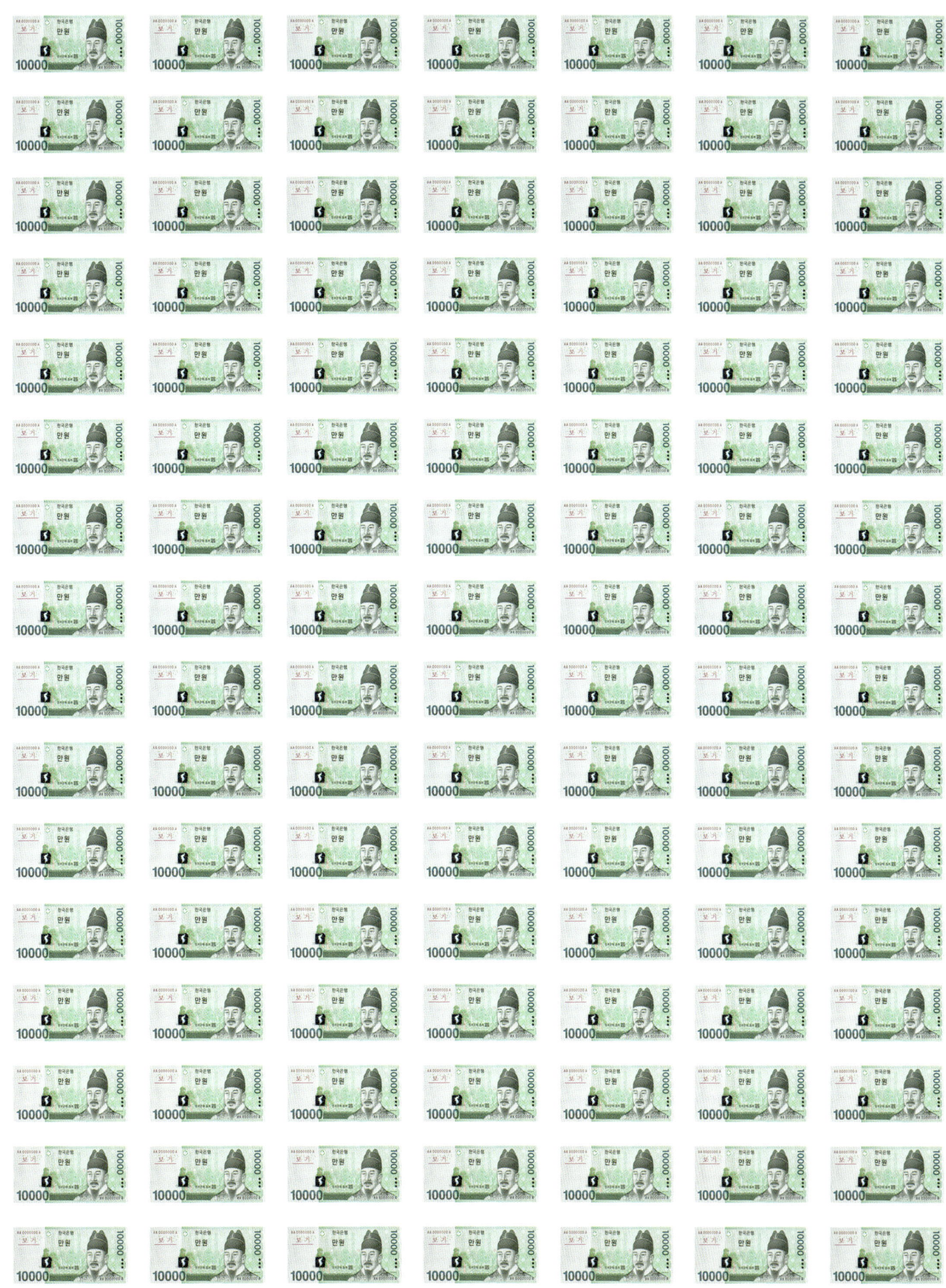

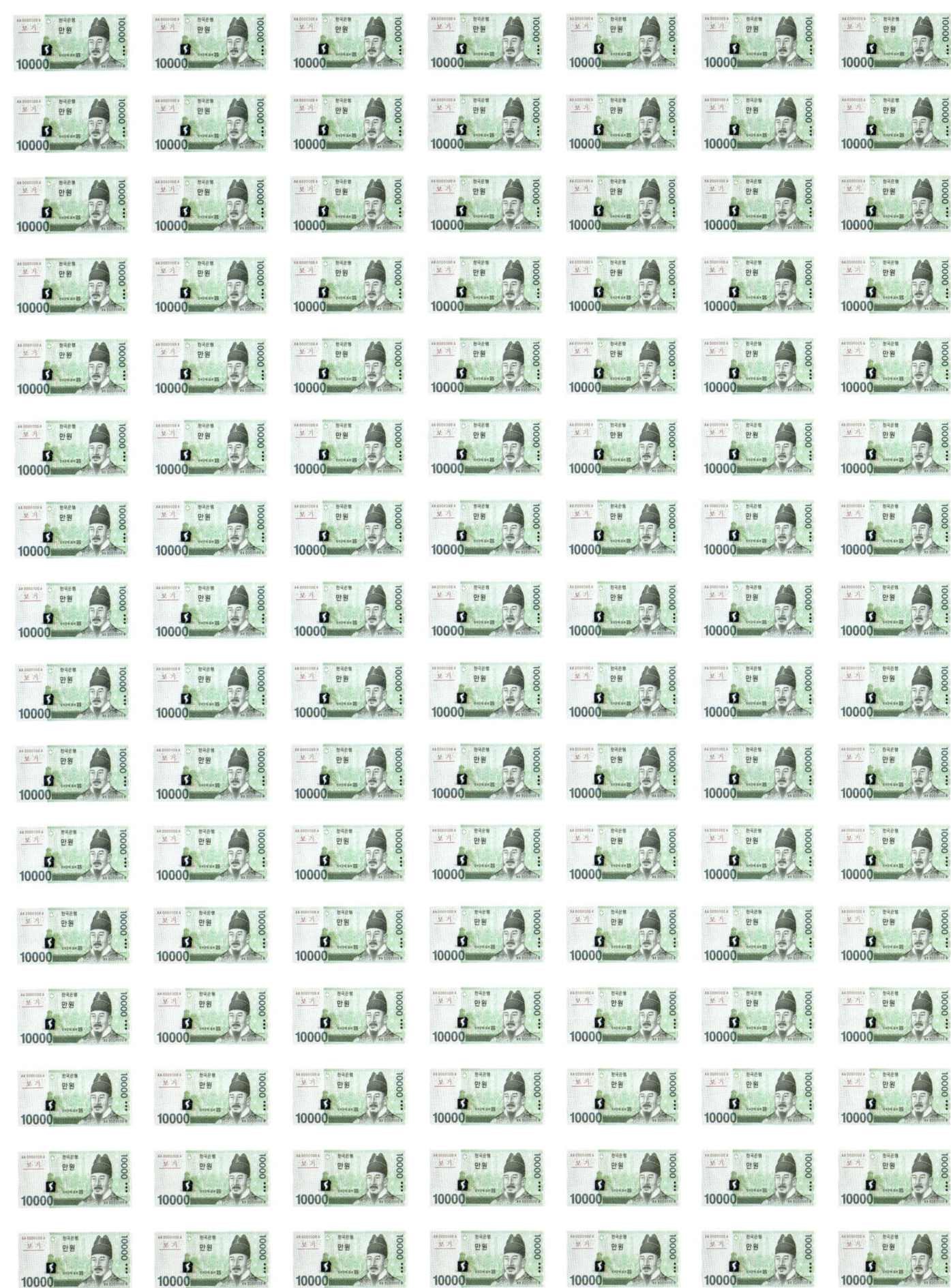